PQ
6057   El poema del Cid
C4

Los libros de esta colección han sido seleccionados para representar al libro infantil español en el Gran Premio Hans Christian Andersen de Publicaciones Infantiles de los años 1956, 1958 y 1960, concedidos en Estocolmo, Florencia y Luxemburgo respectivamente; en la VI International Book Design Exhibition, 1957, de Londres, y entre los cincuenta libros mejor editados en España en 1958. Han obtenido también el Diploma de honor del Premio Hans Christian Andersen, 1960, el premio único al libro mejor editado para niños y adolescentes en los XI y XIII Concursos convocados por el INLE con motivo de las Ferias de Muestras de Barcelona, 1957 y 1959, y el Premio Lazarillo, 1958 y 1959, al libro infantil mejor ilustrado.

EL POEMA DEL CID

Adaptación del texto original por A. J. M.
Ilustraciones de JULIO CASTRO

2.ª edición

COLECCION EL  GLOBO DE COLORES

INICIACION LITERARIA

AGUILAR

CON LAS DEBIDAS LICENCIAS

N.º de Registro. 4.021-60
Deposito Legal M. 9.543 -65

© Aguilar, S. A. de Ediciones, *1961*

Printed in Spain. Impreso en España por Pentacrom. Ferrer del Río, 6, Madrid.

H E aquí una versión fidedigna del Cantar de mio Cid, el poema castellano más antiguo que conocemos, escrito a principios del siglo XII por un poeta, quizá de Medinaceli, en tierra de Soria, y copiado por Per Abat en el único ejemplar que ha llegado hasta nuestros días.

La magnitud de esta obra y la dificultad de su lectura, por estar escrita en un castellano muy diferente del que hablamos hoy, han hecho preciso el trabajo presente, dedicado a los niños. En él hemos procurado, ante todo, mantener el carácter del poema original en cuanto se refiere a su estilo y a sus personajes: tan humanos éstos como aquél sencillo y noble.

Así, pues, el joven lector sacará de estas páginas una impresión muy semejante a la que habría de producirle la lectura directa del poema original, cuyo argumento, y algunos de sus versos más expresivos, hemos transcrito con absoluta fidelidad.

En este primer poema épico de nuestro idioma resaltan: su gran sentido histórico, el carácter leal, valeroso, honrado y altanero del Cid; la exaltación del hogar y de la familia; la sincera fe religiosa de sus protagonistas; los rasgos personales de algunos de ellos; el espíritu de justicia que, al fin, triunfa, con el castigo ejemplar de la envidia, de la ambición y de la infamia, por medio de un acto a la vez legal y caballeresco; la ausencia de toda intervención fantástica o mitológica y el realismo, lleno de poesía y perfectamente moral, que inspira la obra y que habrá de ser, desde fecha tan lejana, la característica honrosa y constante de nuestra gran literatura.

Si el Cantar de mio Cid *llega a los niños con sus rasgos, ambiente y poesía originales a través de esta versión, me consideraré muy satisfecho.*

CANTAR DEL DESTIERRO

Todos los años, los reyes musulmanes de Granada y de Sevilla tenían que pagar un tributo—las parias—al rey castellano don Alfonso VI.

Pero Almutamid, rey de Sevilla, y Almudafar, de Granada, eran mortales enemigos. Almudafar reunió un ejército y marchó contra el monarca de Sevilla. En ese ejército formaban algunos caballeros cristianos muy importantes, pues los nobles de aquella época eran guerreros, sobre todo, y no desdeñaban ocasión de pelear para obtener beneficio de cualquier campaña, aunque fuese ayudando a unos moros contra otros.

Los caballeros cristianos que marchaban con el rey granadino eran el conde García Ordóñez, Fortún Sánchez, Lope Sánchez y alguno más.

Fortún Sánchez es, nada menos, que yerno del rey don García de Navarra, y García Ordóñez goza de la confianza y de la amistad del soberano de Castilla, que le tiene por su consejero mejor y por su caballero más adicto y leal.

Pero el rey de Sevilla era vasallo del propio Alfonso, y por esta razón tiene derecho a reclamar su ayuda.

En tales circunstancias, Alfonso VI llama al caballero Ruy Díaz de Vivar, antiguo alférez de su hermano don Sancho, y le manda a Sevilla para que cobre las parias que le debe Almutamid.

Ruy Díaz obedece, y cuando llega al reino andaluz se entera de que el rey de Granada viene con un fuerte ejército para invadirlo.

Rodrigo de Vivar envía cartas al rey granadino y a los caballeros cristianos que le acompañan, a fin de que abandonen la empresa, pues el rey don Alfonso ayudaría a su vasallo Almutamid si persisten en ella.

Pero cuando el rey Almudafar, García Ordóñez, Fortún y Lope Sánchez ven las cartas de Ruy Díaz, se echan a reír, y sin tomarse la molestia de contestarlas, pasan las fronteras del reino sevillano y arrasan pueblos y campiñas hasta llegar al castillo de Cabra.

Rodrigo monta en cólera, recluta inmediatamente un ejército moro, que une al suyo, y sale al encuentro de los granadinos.

Almudafar y los caballeros cristianos todavía se atreven a desafiarle, diciéndole por medio de un mensajero, que no será él quien pueda echarlos del reino de Sevilla.

Rodrigo no responde al reto; pero avanza con sus tropas, avista a los contrarios, los ataca denodadamente y los derrota sobre el campo.

El infanzón de Vivar ha hecho prisionero al conde García Ordóñez y, furioso por la conducta de este, le arranca un mechón de sus barbas.

Esto de *mesar* las barbas a un caballero era lo peor que se le podía hacer entonces; la ofensa más terrible, y García Ordóñez jamás había de perdonarlo.

Además de gran número de prisioneros, Ruy Díaz coge un botín extraordinario sobre el mismo campo de batalla; pero como es noble de corazón, suelta a los presos libremente, si bien el botín se lo queda; luego va a reunirse con Almutamid.

Gran parte de los objetos cogidos por Ruy Díaz al rey de Granada y a sus secuaces habían sido arrebatados por estos a los moros sevillanos.

El emisario de Alfonso les devuelve todo cuanto les ha pertenecido, más lo que quisieran coger propio de los vencidos.

El infanzón de Vivar vuelve a Castilla, y Alfonso le recibe con grandes pruebas de amistad y muy satisfecho de su conducta.

Pero los triunfos del caballero y la estimación del rey provocan la envidia de muchos cortesanos. García Ordóñez, el caballero predilecto, no desperdicia ocasión para desacreditar a Rodrigo, y entre unos y otros consiguen despertar el rencor de Alfonso contra él.

¿No era el mismo infanzón Ruy Díaz quien le había obligado a jurar en Santa Gadea de Burgos que no había tomado parte en la muerte de su hermano el rey don Sancho...?

Y Alfonso, dejándose llevar de los viejos rencores, ordena al infanzón de Vivar que abandone el reino...

II

La orden es injusta; pero el buen caballero no quiere rebelarse contra su Rey. Llama a sus parientes, a sus vasallos, y les notifica lo que Alfonso acaba de hacer. Se ve obligado a abandonar el país en un plazo de nueve días, y quisiera saber si están dispuestos a seguirle en el destierro.

—A los que fuereis conmigo—dice Ruy Díaz—, que Dios os lo pague, y de los que se queden, me despediré como un amigo.

Allí se halla el buen caballero Alvar Fáñez, primo hermano de Rodrigo, quien toma la palabra en nombre de todos y habla así:

—*Con vos iremos, Cid, por yermos y por poblados, porque nunca os faltaremos mientras estemos vivos. Con vos agotaremos las mulas, caballos, dinero y ves-*

tidos. Siempre os serviremos como vasallos leales.

Todos los presentes corroboran las palabras del noble caballero.

Rodrigo se lo agradece de corazón y sale de Vivar con ellos camino de Burgos, que está muy cerca.

Detrás de él quedan sus palacios abandonados...

El Cid vuelve la cabeza para mirarlos, y rompe a llorar; le embarga la tristeza y suspira, pero sin perder su contención y su esperanza:

—Gracias, Señor Padre, que estás en lo alto. Esto han tramado contra mí mis enemigos malvados.

A la salida de Vivar, una corneja vuela hacia la derecha. Eso quiere decir que los desterrados tendrán

suerte; pero al entrar en Burgos, la corneja vuela hacia el lado izquierdo.

—¡Albricias, Alvar Fáñez!—exclama Rodrigo—, porque nos han echado de nuestra tierra; pero volveremos con gran honor a Castilla.

El Cid entra en Burgos rodeado de sesenta pendones, pertenecientes a otros tantos señores que le acompañan.

Mujeres y hombres se asoman a las ventanas, llorando de pena. Todos exclaman:

—¡Dios, qué buen vasallo si tuviese un buen señor!

Con gusto le alojarían en sus casas; pero no se atreven a hacerlo por miedo al Rey. Antes de caer la noche ha llegado una carta del soberano prohibiendo que se le dé posada, y si alguien se la da, habrá de perder todos sus bienes, y hasta los ojos de la cara y la vida.

El Cid se dirige a la casa donde suele hospedarse; pero encuentra la puerta fuertemente cerrada; las gentes que siguen a Rodrigo empiezan a llamar con grandes voces; el propio héroe aguijonea el caballo, saca el pie del estribo y la golpea; mas la puerta no cede.

Entonces se acerca una niña de nueve años y se dirige al Cid, con ternura, para suplicarle:

—Campeador, que ceñisteis espada en buena hora, el Rey lo ha prohibido; anoche llegó su carta con gran precaución y sellada con su sello. No nos atreveríamos a abriros ni a acogeros por nada, y si llegáramos a hacerlo, perderíamos los bienes y las casas...

La niña vuelve a meterse en la suya, y el Cid se aleja de allí para encaminarse al templo de Santa María. Penetra en él, se hinca de rodillas en el suelo y, después de orar fervorosamente, abandona la ciudad y pone su campamento en la glera, o sea el arenal, del río Arlanzón.

III

Los desterrados no pueden comprar ninguna vianda en Burgos, porque también lo ha prohibido el soberano; menos mal que un caballero de la ciudad, Martín Antolínez, les proporciona pan y bebida. No desobedece al Rey, porque todo lo que les da es suyo y nada les ha vendido.

Pero, aún así, teme incurrir en la ira de Alfonso y decide unirse al Cid y marchar con él.

El Cid carece en absoluto de fortuna, y sin ella es imposible mantener a aquella tropa. Hay que conseguir el dinero por fuerza, ya que no se le dan de grado, y discurre una estratagema, un engaño, que no perjudicará a nadie, ya que, antes de que se descubra, el caballero de Vivar podrá reponer la suma conseguida.

11

—Martín Antolínez, caballero de valiente lanza—dice el Cid a su bienhechor—, con ayuda vuestra construiré dos arcas, las llenaré de arena, para que pesen mucho, y después de forradas de rojo guadalmecí—cuero labrado—y de bien claveteadas con clavos dorados, vamos a dárselas a Raquel y a Vidas, dos judíos, diciéndoles que es mi tesoro, el cual no puedo llevar conmigo por lo mucho que pesa y prefiero empeñárselo a ellos

por una cantidad prudencial. Pero han de llevarse las arcas de noche, para que no las vea ningún cristiano. El Criador tan solo ha de verlo, con todos sus santos; pero ya sabe que tengo que obrar así en contra de mi voluntad.

Martín Antolínez marcha a Burgos, sube al castillo de la ciudad, donde habitan los judíos, y encuentra a Raquel y a Vidas, que están contando sus ganancias.

Martín Antolínez se dirige a ambos y les dice:

—Dadme esas manos, queridos amigos; quiero hablaros en secreto. Voy a haceros ricos para siempre. El Campeador acaba de cobrar las parias y ha retenido para sí lo más valioso. Esta es la razón de que le hayan acusado. Ha tenido que dejar todos sus bienes por haber incurrido en el enojo y en la enemistad del Rey, como estáis viendo. Tiene dos arcas llenas de oro fino; pero no puede llevárselas, porque pesan mucho y porque sería descubierto. Por esta razón prefiere ponerlas en vuestras manos y que le prestéis una cantidad razonable de dinero con esa garantía. Así, pues, coged las arcas y ponedlas en lugar seguro, pero prometed y jurad que no habéis de tocarlas en todo este año.

Los dos judíos empiezan a pensar en el asunto. Sabían muy bien que, efectivamente, el Cid había cobrado las parias del Rey.

—Pero decidnos—preguntaron—, ¿qué cantidad pide el Cid y qué intereses nos pagaría por un año de préstamo?

—El Cid—arguye Antolínez—se conformaría con lo que sea justo, y poco ha de pediros con tal de que le guardéis su tesoro. De todas partes están viniendo hombres para marchar con él, y son gentes desheredadas, a las que tiene que alimentar. Para pagarles necesita unos seiscientos marcos.

—Pues se los daremos con gusto

—Entonces, entregádmelos ahora, porque la noche se nos viene ya encima y al Cid le apremian.

Pero Raquel y Vidas arguyen:

—Los negocios no se hacen así: primero se da, y después se cobra.

—Me parece muy bien—replica Antolínez—. Venid adonde está el Campeador y os ayudaremos a traer las arcas y a ponerlas en lugar seguro, donde ni los moros ni los cristianos sepan que están.

—Muy bien; pues en cuanto se traigan las arcas, os daremos los seiscientos marcos.

Martín Antolínez y los dos judíos montan a caballo y vadean el Arlanzón, pues no quieren cruzar el puente para no llamar la atención de las gentes de Burgos.

Una vez en el campamento, el Cid y los judíos se saludan muy afectuosamente, y acto seguido empieza la tarea de cargar las arcas en los caballos; mas, aunque los hombres que lo realizan son forzudos, les cuesta mucho trabajo, con gran alegría de los judíos, que ya se ven en la mayor opulencia para el resto de sus días.

Pero han prometido y jurado que no tocarán las arcas de allí a un año. Si las tocan, el Cid no les pagará interés ninguno, habrán incurrido en perjurio.

Raquel y Vidas piden al Cid una piel morisca bermeja y hermosa por el favor que le hacen. El Cid se la promete, y si no se la trae de tierra extraña, que descuenten su precio del valor de las arcas. Martín Antolínez parte con los dos judíos a fin de cobrarles la cantidad estipulada. Todo ha de hacerse con el mayor sigilo y rapidez, porque el Cid tiene que levantar el campo y salir de Burgos antes que cante el gallo.

Una vez en casa de los judíos, tienden estos una sábana de hilo finísimo en el suelo y, sobre ella, echan trescientos marcos de plata y trescientos de oro, cantidad que Martín Antolínez se apresura a recoger.

Pero les dice:

—Ya que están las arcas en vuestro poder, yo que os las he proporcionado, ¿no merezco siquiera unas calzas?

Raquel y Vidas, agradecidos por la ganancia que el burgalés acaba de facilitarles, acceden:

—Bien os las merecéis, Martín Antolínez, burgalés ilustre, y aquí os damos treinta marcos para unas calzas, para una rica piel y para un manto.

El caballero coge el dinero que le dan, y parte hacia la glera del Arlanzón a todo escape.

—¿Sois vos, Martín Antolínez, mi fiel vasallo? —pregunta el Cid cuando le ve llegar—. Que yo vea el día en que podáis recibir algo de mí.

—Vengo con todo sigilo: os traigo seiscientos marcos, y treinta más que me he ganado yo. Pero mandad recoger la tienda y vámonos en seguida; que nos cante el gallo en San Pedro de Cardeña, donde veremos a vuestra mujer, digna hidalga, y después de detenernos lo menos posible, dejaremos el reino.

Así se hace, y los soldados del Cid levantan la tienda. Ya cabalga el Campeador; pero antes de seguir adelante, vuelve la cabeza del caballo la iglesia lejana de Santa María, levanta la diestra, se santigua y dice:

—A ti te doy gracias, Dios mío, que riges el cielo y la tierra. Válganme sus virtudes, gloriosa Santa María. Aquí me despido de Castilla, pues tengo al Rey contra mí, y no sé·si volveré a pisarla en toda mi vida. Vuestra protección me valga en mi partida, ¡oh gloriosa!, y me ayude y me socorra día y noche. Si así lo hacéis y vuestra ayuda se cumple, ofrezco a vuestro altar buenos y ricos regalos, y mandaré que se canten mil misas en él.

Se despide el buen Cid con profundo dolor, y todos sueltan las riendas y espolean sus caballos. Pero Martín Antolínez regresa a Burgos para ver a su mujer antes de desterrarse, y para dar órdenes a sus criados. Dice al Cid:

—Antes que el sol quiera rayar, estaré con vos otra vez.

IV

Cantan los gallos y quieren romper los albores de la mañana cuando el Cid y los suyos llegan al monasterio de Cardeña. El buen abad don Sancho está cantando maitines, y la esposa del Cid, Jimena, con cinco damas ilustres de su séquito, ruegan al Criador y a San Pedro.

—Señor, Tú que nos guías a todos, protege a mio Cid Campeador.

El abad y los monjes se alegran mucho cuando el Cid y sus huestes llaman a las puertas. Salen a recibirles con candelas y con lumbres. Pero Rodrigo no puede aceptar la hospitalidad que el buen don Sancho le ofrece, porque debe abandonar el reino en seguida. Le da cincuenta marcos, y, si vuelve algún día, doblará la limosna. El Cid no quiere dañar al monasterio en un dinero siquiera. Para que cuide de doña Jimena y de sus hijas, y de las dueñas que las acompañan, le entrega a don Sancho cien marcos más, y añade conmovido:

—Dejo dos hijas muy niñas, tomadlas en los brazos; aquí las encomiendo a vos, don Sancho; de ellas y de mi mujer tened el mayor cuidado. Si lo que os doy os faltase, o menguase en algo dadles cuanto necesiten, porque así os lo mando. Por cada marco que gastéis, al monasterio daré cuatro.

Jimena sale al encuentro de Rodrigo, seguida por las dueñas, que traen a las niñas en brazos.

La esposa, llorando, se hinca de rodillas ante el Cid y lamenta la situación en que tiene que dejarla, con unas hijas tan pequeñas, por culpa de los malvados, que le empujan al destierro.

El caballero de la hermosa barba consuela a su mujer, aprieta a las niñas contra su corazón y también llora y suspira.

—¡Oh, doña Jimena! Mujer mía tan perfecta y a la que quiero como a mi propia alma. Ya lo veis, que tenemos que separarnos en vida. Yo me alejaré, y vos os quedaréis aquí. Dios quiera y Santa María, que aún con mis manos pueda casar a estas hijas, y que me queden ventura y algunos días de vida para poder serviros.

En el monasterio preparan al Cid abundante comida, y las campanas tocan con gran clamor.

Por toda Castilla se va pregonando el destierro del Cid, y unos dejan sus casas, otros sus cargos... En aquel día se juntan ciento quince caballeros en el puente del Arlanzón. Todos preguntan por el Cid, y Martín Antolínez los conduce a San Pedro de Cardeña.

Rodrigo se alegra mucho cuando sabe que viene ese importante refuerzo, y monta a caballo para recibir a los que llegan.

Estos le besan las manos, y Rodrigo les promete que, si vive, les dará el doble de lo que han dejado por unirse con él.

El Cid permanece seis días en Cardeña, y ya se acerca el plazo en que debe abandonar el reino, pues si no lo abandona, caerá en manos del Rey, que no le perdonará por nada.

Al segundo canto de los gallos, los caballeros y los soldados del Cid ensillan sus cabalgaduras. Antes de

partir oyen la misa de la Trinidad, que dice el buen abad don Sancho. Jimena se arroja sobre la grada del altar y ruega al Señor que proteja a su marido. Luego de acabado el Santo Sacrificio, el Cid y Jimena se despiden con gran emoción. El Cid monta a caballo; pero no deja de mirar a las niñas. A cada paso vuelve la cabeza hacia los suyos... hasta que Alvar Fáñez se dirige a él para animarle con sus palabras. Luego dice al abad:

—Si veis venir gentes a reunirse con nosotros, decidles que nos sigan el rastro, pues ya nos alcanzarán en yermo o en poblado.

V

Al fin se alejan de Cardeña a rienda suelta, y aquella noche la pasa el Cid en Espinazo de Can. Se le junta mucha gente de armas, y, de mañana, emprende el camino otra vez. Deja a su izquierda San Esteban de Gormaz y pasa por Alcubilla, en la frontera castellana. Atraviesa la calzada de Quinea y cruza el Duero por Navapalos.

Las gentes se le van uniendo por todas partes por donde pasan. Al final de la jornada llegan a Figueruela.

El Cid se echa en el campo, a fin de descansar, y pronto se sume en un sueño dulce y profundo. El arcángel San Gabriel se le presenta en una visión y le dice que cabalgue, porque ningún hombre ha cabalgado con mejores auspicios. Todo cuanto haga mientras viva habrá de salirle bien...

Despierta Rodrigo y no puede por menos de santiguarse y de encomendarse a Dios para darle gracias por el sueño que acaba de tener

A la mañana siguiente cabalgan todos. Es el último de los nueve días que han dado al Cid para que abandone el Reino. Ya queda atrás Castilla, y Rodrigo y los suyos van a descansar en la sierra de Miedes, dejando a la derecha las torres de Atienza, ocupadas por los moros del reino de Toledo.

Antes de caer la noche, Rodrigo hace un recuento de sus tropas, y ve que le siguen hasta trescientas lanzas, sin contar a los que van a pie ni a otros valientes.

Pasan la sierra de noche, y en el lugar llamado Castejón de Henares, mio Cid prepara una emboscada.

Siguiendo el consejo de Minaya, los castellanos permanecen escondidos toda la noche. A la mañana siguiente, al salir el sol hermoso, Rodrigo divide sus tropas. Los caballeros más valientes, mandados por Alvar Fáñez, forman la vanguardia, de doscientos hombres, y el Cid manda la retaguardia, compuesta por un centenar.

Los moros de Castejón, que no sospechan la presencia del enemigo, salen del poblado a sus quehaceres y trabajos campesinos. Las puertas de la muralla quedan abiertas. Eso es lo que esperaban los castellanos para caer sobre ellos rápidamente. Los encargados de las defensas las abandonan y huyen. El Cid y sus hombres toman Castejón sin resistencia y se adueñan del ganado y de todo cuanto puede tener algún valor.

Minaya, con la vanguardia del ejército, saquea las tierras y los poblados de toda la comarca. La enseña de Alvar Fáñez llega hasta los muros de Alcalá de Henares. El valiente capitán regresa, río arriba, y por Guadalajara, a Castejón. Lleva un botín enorme. El Cid sale a recibirle. Después juntan el botín de ambos, y Rodrigo le ofrece la quinta parte del total, en vez de la quinta parte de lo ganado solamente por él, que es la ley que rige las relaciones entre el señor y su vasallo.

Pero Minaya devuelve el quinto y hace voto de no aceptar ni un mal dinero hasta que haya ganado algo que realmente valga la pena y quede satisfecho de lidiar en campo abierto contra moros, empleando la lanza y metiendo mano a la espada, y en tanto que la sangre enemiga le chorree hasta el codo en presencia de Rodrigo Díaz de Vivar, el lidiador consumado.

Una vez reunido el botín, el infanzón de Vivar teme que las mesnadas del Rey vengan a su alcance. El buen caballero no quiere pelear contra el ejército de su soberano. Por eso reparte el botín.

A cada uno de sus caballeros le tocan cien marcos de plata, y a los peones la mitad justa. El infanzón se reserva su quinta parte, y así se lo hace saber a los mismos naturales de Castejón, y a los vecinos de Guadalajara y de Hita.

Los moros ofrecen al Cid tres mil marcos de plata, que el héroe acepta, y le son pagados al tercer día.

Para evitar un posible encuentro con las mesnadas reales, Rodrigo abandona Castejón después de libertar a cien moros y a cien moras. Estos bendicen al Cid, que sale del poblado, y acampa entre Ariza y Cetina.

Pero, a la mañana siguiente, continúa su camino y llega a un otero redondo próximo al río Jalón. La idea del Cid es tomar el importante castillo de Alcocer.

VI

Para conseguir su propósito. lo primero es fortificarse bien. Los soldados han puesto las tiendas de campaña en la sierra y a la orilla del Jalón, y cavan un foso junto al río; pero rodeando el otero.

La noticia de que el Cid se ha establecido en aquel sitio produce gran alarma a los moros, que se apresuran a pagarle tributo, lo mismo los de Alcocer que los de Ateca y Terrer. Esto pesa a los moros de Calatayud, cuando la noticia llega a sus oídos.

Mio Cid permanece quince semanas en aquel campamento; pero Alcocer no se le rinde.

En consecuencia, discurre un ardid para ganar tan importante plaza.

Manda a Alvar Fáñez delante con casi todo el ejército, que marcha por las orillas del Jalón abajo... En el otero ha quedado una sola tienda.

Los de Alcocer creen que los cristianos se van, efectivamente, porque ya no tienen comida, y deciden ata-

car al Cid para arrebatarle, de una vez, todos los tributos que le han pagado y el rico botín que lleva. El ataque ha de ser rapidísimo, no sea que los del pueblo de Terrer se les adelanten... y salen de la población.

Rodrigo deja que se alejen de los muros de Alcocer, y cuando los ve ya en plena llanura, vuelve súbitamente las riendas de los caballos y carga contra ellos.

Los mesnaderos del Cid caen sobre los moros sin piedad y matan a trescientos. Rodrigo y Minaya van en cabeza, llegan a Alcocer y penetran en su castillo.

Pero Bermúdez, abanderado del Cid, clava la enseña del héroe en lo más alto de la fortaleza.

—Oídme, Alvar Fáñez y todos los caballeros—dice el Cid—. En este castillo hemos cogido un gran botín. Han muerto muchos moros, apenas veo algunos vivos. No podemos venderlos, y con descabezarlos no ganamos nada. Es mejor que nos alojemos en sus casas y que nos sirvan en ellas.

La caída de Alcocer preocupa mucho a los moros de los pueblos inmediatos: Ateca, Terrer, Calatayud... y escriben al rey Tamín, de Valencia, para pedirle ayuda.

El rey oye el mensaje y, volviéndose hacia los cortesanos que le acompañan, dice:

—Tres emires veo alrededor de mí; id dos, inmediatamente, con tres mil moros bien armados; los de la frontera se os juntarán también. Entre todos, coged vivo al Cid y traedlo delante de mí.

Ya cabalgan los tres mil moros. Pernoctan en Segorbe, parten a la mañana siguiente y acampan en Cella por la noche. Avisan a los de la frontera, que acuden en gran número, y juntos continúan su marcha sin descanso, hasta llegar a Calatayud.

Envían pregones por todas partes, y todavía se les reúne más gente. Los dos reyes moros que cita el poema

—en realidad emires—se llaman Fáriz y Galve. Mandan un ejército numeroso que pone cerco al Cid y le corta el agua. Los guerreros castellanos quieren dar la batalla inmediatamente, pero Rodrigo lo prohíbe. Y pasan tres semanas, durante las cuales el cerco es más apretado a cada día que pasa.

Cuando ya va a echarse encima la cuarta semana, el Cid reúne a sus capitanes en consejo y pide su opinión.

Alvar Fáñez habla el primero:

—Hemos salido de Castilla la gentil, y si no lidiamos con moros, no podemos ganarnos el pan. Somos seiscientos y algunos más; en nombre del Criador, vamos a atacarlos mañana mismo.

—Has hablado a mi gusto—responde Rodrigo—; te has honrado con ello, Minaya.

Y el Cid manda que sean arrojados de la ciudad todos los moros y moras que la habitan.

Los cristianos, una vez solos, se ocupan en armarse durante el día entero. Al siguiente, de mañana, el Cid deja dos peones para que se cuiden de las puertas y marcha con todo el ejército, recomendando, antes, a Pero Bermúdez que no se adelante con la enseña hasta que él se lo mande.

Bermúdez besa la mano del Campeador.

Se abren las puertas de la muralla y salen las mesnadas de mio Cid.

Las tropas avanzadas del enemigo avisan inmediatamente al grueso del ejército. Los tambores de los moros resuenan con tal estrépito. que se estremece la tierra.

Los moros tienen dos enseñas principales y otros pendones de menos importancia; pero son tantos que no pueden contarse.

27

El enemigo avanza en apretadas filas...

—Estaos quietos, mesnadas; que ninguno deje las filas hasta que yo lo mande—exclama el Campeador.

Mas, Pero Bermúdez no puede contenerse y, llevando la enseña en la mano, espolea a su corcel.

—¡Oh Cid Campeador, que Dios os valga! Voy a meter vuestra enseña en el grupo mayor. Veré cómo la protegen los que están más obligados.

—¡No lo hagáis, por caridad!—exclama Rodrigo.

Ya es tarde; Pero Bermúdez se ha lanzado contra el haz más compacto. Los moros le golpean fuertemente con sus armas; pero no consiguen quebrarle la loriga.

—¡Valedle, por caridad!—grita el Cid, de nuevo, a sus tropas.

Y los caballeros embrazan los escudos, enristran las lanzas, arrollan los pendones y, agachándose sobre los arzones de las monturas, se lanzan al ataque para herir al enemigo con toda su alma.

El héroe grita, lleno de ardimiento:

—¡Yo soy Ruy Díaz, el Cid, el Campeador de Vivar!

Los trescientos guerreros cristianos caen sobre el haz que rodea a Pero Bermúdez, y cada caballero mata a un moro de un solo golpe. Se vuelven y atacan de nuevo, matando a otros trescientos enemigos más.

Viérais bajar y subir tantas lanzas, atravesar tantas adargas, romper tantas lorigas, perderse tantas mallas, tantos pendones blancos salir enrojecidos por la sangre, tantos buenos caballos correr sin jinetes... Los moros gritan: *¡Mahoma!*, y los cristianos *¡Santiago!* En poco terreno caían trescientos moros mortalmente heridos.

¡Oh, qué bien pelea el Cid Ruy Díaz, el buen lidiador, sobre arzón dorado! ¡Oh, qué bien lo hace Minaya Alvar Fáñez, el que mandó en Zorita!... y Martín Antolínez, el burgalés de pro, y Muño Gustioz, que fue su criado, y Martín Muñoz, el que mandó en Monte Mayor, y Alvar Alvarez, y Alvar Salvadórez, y Galindo García, el bueno de Aragón, y Félez Muñoz, el sobrino del Cid... Todos cuantos están allí luchan por la enseña y por el Cid Campeador.

En el fragor del combate, Minaya cae... le han matado el caballo y se le ha partido la lanza. El caballero echa mano a la espada y se defiende con ella.

Pronto acuden a auxiliarle sus compañeros de lucha. Aunque está desmontado, Minaya se defiende con gran valentía y descarga unos golpes tremendos. El Cid se da cuenta del percance y corre al encuentro de un jefe moro, que monta un corcel magnífico. De un solo tajo le corta por la cintura y le arroja en medio del campo. Luego se apodera del caballo y se lo da a Alvar Fáñez.

—Cabalgad, Minaya, que sois mi brazo derecho. En el día de hoy necesito vuestra ayuda. Los moros se mantienen firmes; todavía no abandonan el campo; es preciso que los acometamos de una vez.

Cabalga Minaya con la espada en la mano, lidia con denuedo, y a cuantos alcanza, los deja fuera de combate.

Entre tanto, mio Cid, el que nació en tan buena hora, se llega al emir Fáriz y le dirige tres golpes. Los dos primeros le fallan, pero le alcanza el tercero. La sangre corre por la loriga abajo. El emir vuelve las riendas para escapar del campo de batalla.

Martín Antolínez ha asestado un golpe tan fuerte a Galve, que los carbunclos del yelmo saltan en todas direcciones: el arma le ha cortado en dos el yelmo y le hiere en la carne. El emir no espera el segundo golpe y escapa también.

Vencidos están Fáriz y Galve. ¡Qué buen día para la Cristiandad! Los moros huyen en todas direcciones, y los del Cid van a su alcance sin dejar de herirlos.

Fáriz se refugia en Terrer; pero Galve no consigue que le acojan y tiene que continuar corriendo, seguido de cerca por el Cid, hasta Calatayud.

A Minaya le ha salido muy bueno el caballo, y por eso ha dado muerte a treinta y cuatro moros. ¡Qué tajante espada la suya! La sangre le corre por el brazo.

—Ahora estoy pagado—exclama—, porque llegaron buenas nuevas a Castilla de que mio Cid ha ganado una lid campal.

El campo de batalla está cubierto de moros, casi todos muertos.

Poco a poco van juntándose los guerreros del Cid, que viene, espada en mano, con la cofia fruncida y la capucha de la loriga sobre la espalda. ¡Oh Dios, qué bien barbado es!

—Gracias a Dios, que está en lo alto, hemos ganado una tal batalla—dice Rodrigo.

Los de mio Cid saquean el campamento enemigo, apoderándose de muchos escudos y armas, y de grandes riquezas. Llegan a reunir hasta quinientos diez caballos, y sólo han perdido quince hombres.

El infanzón de Vivar ordena que se guarde el rico botín en el castillo, y lo reparte luego. En el quinto suyo le tocan cien caballos. A continuación llama a Minaya y le dice:

—Oíd, Minaya, que sois mi brazo derecho. De esta riqueza que el Criador nos ha proporcionado, tomad lo que queráis. Quiero enviaros a Castilla con la nueva de esta batalla que hemos ganado y con un regalo de treinta caballos con sus sillas y frenos y sendas espadas colgando de los arzones, para el rey Alfonso, que me desterró.

—Lo haré de grado—responde simplemente Alvar Fáñez, que es hombre de pocas palabras.

El Cid continúa diciendo así:

—Aquí va una bota llena de oro y plata fina hasta arriba para que paguéis mil misas en Santa María de Burgos. Lo que sobre dádselo a mi mujer y a mis hijas; decidles que rueguen por mí noche y día, porque si yo les viviere llegarán a ser damas ricas.

Alvar Fáñez se siente orgulloso de esta misión. Se elige a los hombres que han de acompañarle y dan cebada a los caballos. Ha entrado la noche. Rodrigo reúne a los suyos en consejo.

—¿Os vais, pues, Minaya, a Castilla la gentil? —dice—. Bien podéis decir a nuestros amigos que Dios nos ayudó y salimos vencedores en la lid. Puede ser que nos encontréis aquí a vuestro regreso; pero, si no, id a buscarnos a donde os digan. De las lanzas y de las espadas hemos de servirnos, porque, si no, en esta tierra estrecha no podríamos vivir. Por eso me temo que tendremos que marcharnos de aquí.

Por la mañana partió Alvar Fáñez.

Aquella tierra es mezquina, pobre, mala; a diario, los moros de las fronteras y unas gentes extrañas, vigilan a Rodrigo. Fáriz se ha curado de sus heridas y es quien les aconseja.

El Cid se pone de acuerdo con los habitantes de Ateca, de Terrer y de Calatayud, que es mejor ciudad, y los vende Alcocer por tres mil marcos de plata. Con ese dinero paga a sus propios vasallos, a todos los hace ricos; no hay ninguno pobre.

VIII

Los moros de Alcocer lloran la partida del Campeador. Nuestras oraciones vayan delante de ti, le dicen.

El Cid se aleja. Marcha por el Jalón abajo y, al pasar el río, las aves le dan buenos agüeros.

Continúa su marcha hasta Poyo, un lugar inexpugnable, situado sobre Monreal; desde allí impone parias a Daroca, a Molina, a Teruel y a Cella, la del Canal.

Entre tanto, Minaya ha entrado en Castilla y presenta al rey los treinta caballos con sus frenos, arzones y espadas. Alfonso los mira complacido y sonríe hermosamente.

—¿Quién os ha dado esto, Minaya, así os valga Dios?

—Mio Cid Ruy Díaz, que en buena hora ciñó espada.

Y Alvar Fáñez cuenta al monarca todo lo sucedido. Una vez terminada la relación, le dice:

—A vos, rey honrado, envía estos presentes; os besa los pies y ambas manos para que le hagáis merced; así os valga el Criador.

A estas palabras responde el soberano:

—Son muy pocas tres semanas para acoger a un desterrado que ha perdido la gracia de su señor. Sin embargo, acepto el presente por proceder de los moros y me place que el Cid haya hecho tales ganancias; pero respecto a él, yo no os digo nada más. A vos, Minaya, os devuelvo los honores y las tierras, podéis ir y venir porque os doy mi gracia. Además, dejo en libertad a todos los buenos y valientes de mi reino para que vayan a reunirse con él, y les respetaré sus bienes y sus heredades.

—Gracias, mi señor natural—responde Alvar Fáñez—. Esto concedéis ahora; pero ya concederéis otras cosas más adelante.

—Esto ya lo veremos, Minaya. Id en busca del Cid y marchad por toda Castilla sin ningún temor.

IX

Ruy Díaz ha acampado en el Poyo que, desde entonces, todo el mundo llamará Poyo del Cid. Desde este campamento pone tributos a los pueblos que se hallan en el valle del río San Martín. Las noticias llegan hasta Zaragoza y los moros están muy apesadumbrados.

Quince semanas permanece el Cid en aquel lugar, y en vista de que Alvar Fáñez se retrasa más de lo previsto, una noche sale con toda su gente y va más allá de Teruel, hasta el pinar de Tévar devastando todas las tierras que recorre. Incluso pone parias a Zaragoza.

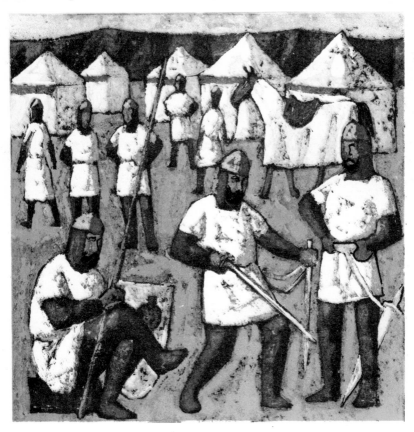

Después de hecho todo esto, aparece, por fin, Minaya. El Cid, al verle, espolea su caballo y corre a abrazarle, besándole en la boca y en los ojos de la cara.

Alvar Fáñez le da cuenta de su misión y no le oculta nada en absoluto. El Campeador sonríe hermosamente.

—¡Gracias a Dios y a todos sus santos, Minaya, mientras viváis conmigo todo me saldrá bien!

Qué alegre se pone todo el ejército con la llegada de Alvar Fáñez, que les trae noticias de parientes y hermanos, y de sus mujeres, que habían dejado allá, en su tierra.

También se alegra mucho el Cid sabiendo que Alvar Fáñez ha pagado las mil misas y al oír las buenas nuevas que le trae de doña Jimena, su esposa, y de sus dos hijas.

Pero, pasadas estas expresiones de alegría, el Cid escoge doscientos caballeros y emprende una correría por las tierras de Alcañiz. Es de noche y Rodrigo va dejando negros los campos, que incendia y arrasa durante tres días.

Las noticias de estos hechos abruman a los moros de Monzón y de Huesca; pero no así a los de Zaragoza,

pues pagan parias y saben que no deben temer nada del buen caballero castellano.

El Cid regresa al Poyo con grandes ganancias y se expresa así ante los suyos:

—Caballeros, voy a deciros la verdad; quien vive siempre en un mismo sitio puede ver que lo suyo mengua; por consiguiente, mañana mismo cabalgaremos y, dejando este lugar, seguiremos adelante.

Así se hace, y la mesnada del Cid acampa en el puerto de Olocau, donde realiza una correría, que dura diez jornadas, por Huesca y Montalbán.

Las noticias del desterrado alarman a todo el mundo y llegan a oídos del conde de Barcelona, que se considera protector de aquellos territorios.

Así, pues, reúne gran número de fuerzas moras y cristianas y sale al encuentro del Campeador, en cuya busca tiene que andar tres días y dos noches. El Cid va descendiendo de un monte a un valle seguido de sus tropas. Lleva sus riquezas también, y le avisan de que el conde don Ramón ha llegado al pinar de Tévar, donde está esperándole para combatir contra él.

Rodrigo le envía un mensajero a fin de evitar la lucha.

—Decid al conde que no tome a mal lo que hago porque no le he quitado nada de lo suyo; así, pues, que me deje vivir en paz.

Pero don Ramón responde al mensajero:

—Esto no será así. Tendrá que pagarme las ofensas de antes y las de ahora. Ese desterrado sabrá a quién se ha atrevido a provocar.

Comprende Rodrigo que es imposible eludir la batalla y arenga a los suyos.

—Ea, caballeros, dejad aparte las ganancias; vestíos con presteza, meteos en las armas, el conde don Ramón viene a darnos gran batalla; de moros y cristianos trae gran mesnada; pues no hemos de librarnos; aquí mismo sea dada. Ellos vienen cuesta abajo y todos traen calzas, malas sillas coceras las cinchas aflojadas; nosotros traemos buenas sillas gallegas, botas sobre las calzas; solo cien caballeros venceremos a seis mesnadas. Antes que el llano alcancen, les presentaremos nuestras lanzas. Tres sillas quedarán vacías por cada uno que caiga. Verá Ramón Berenguer a quién busca y alcanza hoy en el pinar del Tévar, por quitarme las ganancias.

Todos los guerreros del Cid se preparan para el combate. Ya empuñan las armas; ya están sobre sus caballos. Ven venir, cuesta abajo, las fuerzas de los francos, o catalanes. Cuando llegan al final, cerca del llano, mio Cid da la orden de ataque. Bien emplean, los castellanos, sus pendones y sus lanzas; a unos hieren, a otros derriban. El que en buena hora nació ha vencido ya esta batalla; el conde don Ramón cae prisionero y el Cid gana a *Colada* la espada, que vale más de mil marcos.

Por esta batalla mio Cid bien ha honrado su barba.

Don Ramón es llevado a la tienda de Rodrigo, que ordena a sus criados que le guarden bien. Ante el rico botín cogido, el Cid se alegra y los suyos le preparan una gran comida. Mas el conde de Barcelona se niega a probar bocado.

—No comeré un bocado por cuanto hay en toda España por haber sido vencido en batalla por semejantes mal calzados.

Así le dice; pero el Cid arguye:

—Comed, conde, de este pan, y bebed de este vino, pues si lo hacéis, yo os dejaré libre; pero si no lo hacéis, en toda vuestra vida ya no veréis a nadie.

—Comed, don Rodrigo—responde Ramón Berenguer—, y holgaros si queréis, porque yo he de dejarme morir, puesto que no quiero comer nada.

Durante tres días el vencido se niega a probar bocado, y mientras los del Cid reparten el rico botín con alegría, no consiguen hacerle comer ni siquiera una miga de pan al conde.

Entonces el Cid le repite su promesa: si come, le pondrá en libertad junto con dos hidalgos de los suyos.

Al oír esto, Ramón Berenguer se anima.

—Si hacéis, ¡oh Cid!, lo que acabáis de hablar —dice—, quedaré maravillado mientras viva.

El Campeador cumplirá su promesa; pero advierte al conde que no le devolverá nada de cuanto le ha ganado en el campo de batalla, puesto que lo necesita para repartirlo entre todos los que están pasando fatigas con él.

Don Ramón y los dos caballeros que habrán de ir en su compañía, comen y beben con gran apetito. Una vez que han concluido, el Cid les prepara sendos palafrenes muy bien ensillados, buenas vestiduras, pellizas y mantos.

El conde se coloca entre sus dos caballeros y Rodrigo sale a despedirle.

—Ya os vais, conde, a guisa de muy franco...—le dice—, esto es, en calidad de muy libre, y de catalán, pues franco significa las dos cosas.

Pero don Ramón desconfía y, a cada paso, vuelve la cabeza para ver si el Cid le sigue. Mas el Campeador es un leal caballero que siempre cumple lo que promete.

Cuando el conde de Barcelona ha desaparecido ya de su vista, el Cid vuelve con los suyos, que celebran con gran alegría la magnitud del botín cogido. Se consideran tan ricos ya, que ni siquiera saben lo que tienen.

CANTAR DE LAS BODAS

E L Cid ha poblado ya el puerto de Olocau; se aleja de Zaragoza y de sus tierras, de Huesca y de Montalbán, y empieza a guerrear del lado de la costa, de donde nace el sol, por Oriente. Gana a Jérica, a Onda, a Almenara, conquista las tierras de Burriana. Al fin, toma la importante plaza de Murviedro, construida sobre las ruinas del antiguo Sagunto.

La alarma cunde por toda la comarca y el rey moro de Valencia reúne a sus consejeros. Acuerdan atacar al Campeador, cercándole durante la noche. Cuando amanece, el Cid ve con asombro que las tiendas moras rodean Murviedro. Pero lo encuentra muy lógico.

—Gracias te sean dadas, Padre espiritual—exclama—. Estamos en sus tierras; les hacemos todo el mal posible; bebemos su vino, comemos su pan; si vienen a cercarnos, lo hacen con pleno derecho. Esto no se arreglará más que peleando. Vayan, pues, mensajeros en busca de los que tienen obligación de ayudarnos, porque son vasallos míos, los de Jérica, los de Olocau, los de Onda, los de Almenara; vengan también acá los de Burriana...

Al cabo de tres días ya se han reunido todos los soldados del Cid. Rodrigo les arenga y Alvar Fáñez le propone un plan de batalla.

—Dadme cien caballos—le dice—, que no os pido más. Vois iréis delante con los otros; atacadles sin vacilar, que yo, con mis cien, les atacaré por otra parte, pues, fío en Dios, que el campo quedará por nuestro.

El Cid sale de Murviedro con los albores del día y ataca al enemigo.

—¡En el nombre del Criador y del apóstol Santiago, heridles, caballeros, con saña y con afán, que yo soy Ruy Díaz, mio Cid, el de Vivar!

Allí veríais saltar las cuerdas de las tiendas, arrancarse las estacas y caer los tendales. Pero, pasada la sorpresa, los moros empiezan a recobrarse.

Entonces aparece Minaya por el lado opuesto y ya no les queda otro recurso que huir.

En el alcance mueren dos emires; la persecución llega hasta la misma Valencia.

Las mesnadas del Cid regresan a Murviedro cargadas de riquezas; han conquistado Cebolla—o Puig—y su comarca. En Valencia es tan grande el miedo, que nadie sabe qué hacer. La fama del Cid se oye por todas partes.

En sucesivas correrías nocturnas, las gentes del Cid llegan a Cullera y a Játiva; todavía más allá, al pueblo de Denia, quebrantando a los moros hasta la misma orilla del mar, y ganan Peña Cadiella—o Benicadell—con todas sus entradas y salidas.

Esta última conquista pesa mucho a los de Játiva y Cullera; el dolor ya no tiene límites en Valencia.

Tres años pasa el Cid durmiendo de día y atacando de noche todas las villas de la región.

En Valencia cunden el terror y el hambre. Desesperados, envían un mensaje al rey de Marruecos para que venga a ayudarles; pero el rey de Marruecos está empeñado en una guerra contra el de Montes Claros —las montañas del Atlas—, y no puede socorrerlos.

El Cid se alegra cuando lo sabe, y, una noche, sale de Murviedro y amanece en tierras de Monreal. Allí manda echar pregones por Aragón y Navarra; también envía mensajeros a Castilla: Quien quiera dejarse de cuidados y conseguir riquezas, únase con mio Cid, que gusta de cabalgar y quiere poner cerco a Valencia para dársela a los cristianos. Tres días había de esperarlos en el canal de Cella.

Así decían, y de todas partes empiezan a acudir las gentes para unirse a las huestes del Cid.

El Campeador ya no quiere retardar más la campaña y se dirige a Valencia resueltamente, poniéndole un cerco estrechísimo. Rodrigo se ocupa de todo con la mayor actividad, se le ve ir de un lado para otro sin descanso. Por si alguien viene a socorrer la plaza sitiada, le da un plazo de nueve meses; pero nadie acude en ayuda de los cercados, y, al mes décimo, la ciudad no tuvo más remedio que rendírsele.

Grandísimo es el gozo de todos cuando el Cid entra en Valencia. Los que fueron a pie, ya son caballeros. El oro y la plata no pueden contarse. Todos cuantos allí están se hacen ricos. El Cid manda que le den el quinto del botín, como le corresponde, y le tocan treinta mil marcos, solamente de lo recogido en moneda, porque el resto ya no se sabe a cuánto alcanza.

Rodrigo se alegra con los suyos cuando ve izar su enseña en lo más alto del alcázar valenciano.

II

La pérdida de Valencia es un golpe duro para los musulmanes de toda España y el rey moro de Sevilla intenta recuperarla. Reúne un ejército de treinta mil hombres y se presenta delante de la ciudad cuando el Cid y sus tropas descansan todavía de la fatigosa campaña.

Pero el Campeador y los suyos salen al encuentro de

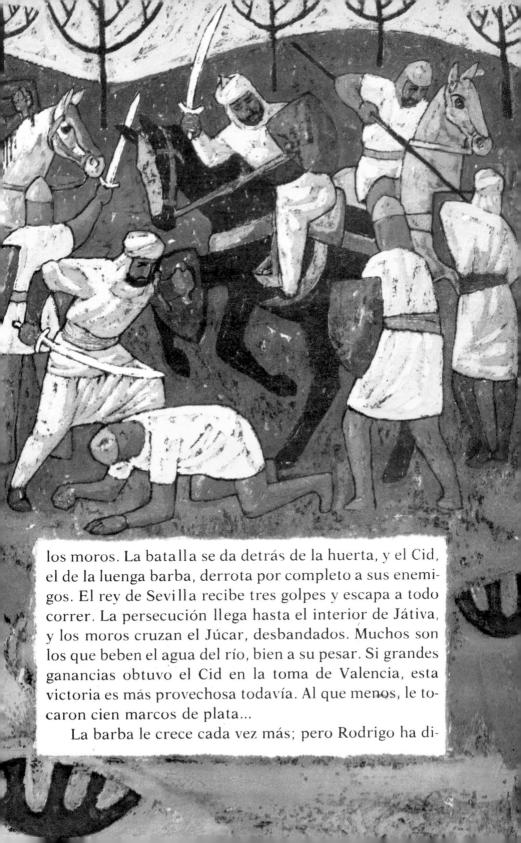

los moros. La batalla se da detrás de la huerta, y el Cid, el de la luenga barba, derrota por completo a sus enemigos. El rey de Sevilla recibe tres golpes y escapa a todo correr. La persecución llega hasta el interior de Játiva, y los moros cruzan el Júcar, desbandados. Muchos son los que beben el agua del río, bien a su pesar. Si grandes ganancias obtuvo el Cid en la toma de Valencia, esta victoria es más provechosa todavía. Al que menos, le tocaron cien marcos de plata...

La barba le crece cada vez más; pero Rodrigo ha dicho: Por amor del rey Alfonso, que me ha desterrado, ni en ella habrá de entrar la tijera, ni la cortaré un solo pelo, y ya pueden hablar de esto los moros y los cristianos.

Minaya no se separa de mio Cid, que ha dado casas y haciendas a cuantos se desterraron con él. Por eso están tan contentos, pues todos poseen abundantes riquezas.

Siguiendo un consejo de Alvar Fáñez, el Cid manda que nadie de los que han ganado alguna cosa combatiendo con él, se parta de su lado sin despedirse y sin besarle la mano, en señal de que cesa el vasallaje. Y el que se vaya sin cumplir estos deberes de lealtad, si es hallado, debe ser preso, privado de sus bienes y ahorcado.

Rodrigo quiere saber, también, cuántos mesnaderos tiene en Valencia, y ordena a Minaya que sean contados, pero si alguno se oculta o se escabulle, le quitará sus bienes a fin de repartirlos entre los que rondan a Valencia para defenderla.

—Es un buen consejo—responde Minaya, que nunca habla más de lo preciso.

Y, una vez reunidos todos los del Campeador, Rodrigo ve que llegan a tres mil seiscientos.

El Cid se alegra profundamente, da gracias a Dios, y ruega a Minaya marche otra vez a Castilla para llevar al rey Alfonso, su señor, un nuevo presente, más rico todavía que el anterior, pues se compondrá de cien caballos. Al propio tiempo que le besa la mano de parte suya, Minaya debe rogar al rey Alfonso que deje salir de Castilla a doña Jimena y a sus hijas para que vengan a reunirse con él.

—De buena voluntad...—responde, simplemente, el lacónico Alvar Fáñez, y prepara su partida con cien hombres. El Cid le da mil marcos para que los lleve al

Monasterio de San Pedro de Cardeña. De esos mil marcos de plata habrá de dar quinientos al abad don Sancho.

Mientras se prepara el viaje y todos se regocijan, llega a la ciudad un obispo llamado Jerónimo. Sabe mucho de letras, posee una gran cordura y es valiente a pie como a caballo.

Don Jerónimo desea que el Cid combata nuevamente a los moros, y dice que, si se harta de lidiar, ya nunca tendrá que oír las lamentaciones de los cristianos.

Las palabras de don Jerónimo complacen al Cid, quien se dirige a Minaya para decirle:

—Oíd, Minaya Alvar Fáñez, por Aquel que está en lo alto, cuando Dios quiere ayudarnos, bien debemos agradecérselo. Quiero hacer un obispado en tierras de Valencia y dársele a este buen cristiano. Cuando vayáis a Castilla llevaréis buenas nuevas.

Gusta a Alvar Fáñez todo lo dicho por el Campeador, y los cristianos están gozosos por tener un obispo en Valencia, de modo que Minaya se despide del Cid muy contento y se viene a Castilla.

III

El rey había marchado al Monasterio de Sahagún, y Minaya pensó que podía hallarle en Carrión, adonde se dirige.

De misa sale Alfonso cuando llega Alvar Fáñez, tan apuesto. Hincó las rodillas ante el pueblo todo y cae a los pies del rey, besándole ambas manos y haciendo gran duelo para pedirle perdón en nombre de Rodrigo.

Seguidamente hace relación de todas las proezas del Cid y cómo ha ganado Valencia y ha hecho un obispado en ella. En prueba de que dice verdad, allí están los cien caballos gruesos y corredores que Rodrigo le regala, y cada uno de ellos con sus frenos y con sus sillas.

Don Alfonso alza la diestra, se santigua, y dice:

—De tan grandes ganancias como ha hecho el Campeador, ¡así me valga San Isidoro!, que me place de corazón y que me placen las nuevas de cuanto hace el Campeador, recibo estos caballos que me envía como don.

Aunque le plugo al rey, mucho a García Ordóñez pesó:

—Parece que en tierra de moros no hay vivo ningún varón, cuando así obra como quiere el Cid Campeador.

Dijo el rey al conde:

—Dejad esa razón, que de todas maneras, mejor me sirve que vos.

Minaya pide, entonces, al rey que permita a doña Jimena y a sus hijas reunirse con el Cid.

—Me place de corazón, y yo mandaré que les den provisiones mientras continúen por mis reinos y las guardaré de toda afrenta o daño.

Y, dirigiéndose a su corte y a su séquito, declara que restituye todos sus bienes a cuantos están al servicio del Cid, a fin de que puedan servirle mejor.

Entre los cortesanos de Alfonso hay dos hermanos que se llaman Fernando y Diego y son infantes de Carrión.

—Mucho crecen las nuevas del Cid—se dicen entre ellos—y bien nos aprovecharía casarnos con sus hijas; pero no osaremos hacerle esta proposición, porque el Cid no es más que un hidalgo de Vivar, mientras que nosotros somos los condes de Carrión.

De suerte que callan a todo el mundo sus propósitos y, de momento, no dicen nada a nadie.

Minaya, entre tanto, se despide del rey.

—¿Ya os marcháis, Minaya? Id en gracia de Dios. Pero llevaos un mensajero, que puede haceros falta. Si

os lleváis a las dueñas, que las sirvan a su satisfacción
y que les den todo cuanto necesiten hasta que lleguen
a Medinaceli. De allí en adelante, que el Campeador se
cuide de ellas.

IV

Entre tanto, los infantes de Carrión han decidido
prescindir de sus escrúpulos por las diferencias de lina-
jes y enriquecerse casando con las hijas de Rodrigo, y
se brindan para acompañar a Alvar Fáñez.

—Saludad a mio Cid, el de Vivar—dicen a Minaya—
y hacedle saber que estamos de su parte para todo cuanto podamos hacer. Que nos quiera bien, porque nada
perderá con ello.

Alvar Fáñez se limita a responder:

—No tiene por qué pesarme este encargo.

Y se dirige al Monasterio de San Pedro, donde están la mujer y las hijas del Campeador.

Cuando estas ven llegar a Minaya, se llenan de gozo; pero el caballero entra en la iglesia sin detenerse; después, se vuelve hacia las dueñas.

—Me humillo ante vos, doña Jimena—dice—; Dios os guarde de todo mal, así como a vuestras dos hijas. El Cid os saluda desde donde está; sano le dejé y con grandes riquezas. El Rey, por merced, libres os encomienda a mí para que os lleve a Valencia, que ya tenemos por heredad. Si el Cid os viese sanas y sin mal, todo él se llenaría de gozo y no sentiría ningún pesar.

—¡Que el Criador lo ordene así!—exclama doña Jimena.

Entonces Alvar Fáñez destaca a tres de sus caballeros para que vuelvan a Valencia y comuniquen al Cid lo que ocurre, a fin de que se prepare, porque dentro de quince días llegará a la ciudad con doña Jimena, con sus hijas y con las dueñas que las acompañan.

Alvar Fáñez permanece todavía en Cardeña, donde se le unen hasta sesenta y cinco caballeros; da quinientos marcos al abad y luego marcha a Burgos para comprar los mejores vestidos y aderezos a doña Jimena, a sus hijas y a las damas del séquito, y unas mulas y palafrenes escogidos para el viaje. En estas compras emplea los otros quinientos marcos, y cuando va a volver a San Pedro de Cardeña, he aquí que aparecen Raquel y Vidas y se le arrojan a los pies.

—¡Merced, Minaya, caballero de pro!—exclaman—, el Cid nos ha hundido si no nos ayuda. Estamos dispuestos a renunciar a los intereses del préstamo con tal de que nos devuelva el capital...

—Yo lo consultaré con el Cid cuando regrese—arguye Alvar Fáñez—; mas, por el gran servicio que habéis hecho, ya os dará un buen pago.

—Dios lo quiera, porque si no lo hace así, abandonaremos Burgos para ir a buscarle a donde esté.

Una vez libre de los engañados judíos, Minaya torna a Cardeña y prepara el viaje de retorno. Allí todavía se le reúne mucha más gente. Cuando los viajeros se despiden del buen abad, un dolor profundo embarga el corazón de todos.

—¡Así os valga el Criador, Minaya Alvar Fáñez! Besad las manos del Campeador en mi nombre y decidle que no quiera olvidarse de este Monasterio, pues si lo hace así, ganará mucho más.

—Lo haré de voluntad—responde Minaya.

Y todos se ponen en camino. El mensajero real va con ellos y por todo el reino les dan abundantes vituallas

Cinco días tardan de Cardeña a Medinaceli. Entre tanto, los caballeros que han partido previamente llegan ante el Cid, quien se alegra mucho de las noticias que le dan. Por eso exclama:

—Quien buen mandadero envía, tal mandado debe esperar. Tú, Muño Gustioz y Pero Bermúdez, que estás presente, y Martín Antolínez, un burgalés leal, y el obispo don Jerónimo, digno tonsurado, cabalgad con cien hombres dispuestos para la lucha, y, por Santa María, iréis a Molina, que está más allá y que la posee Abengalbón, amigo mío con quien estoy en paz, el cual habrá de acompañaros con otros cien caballeros; marchad hacia Medinaceli cuando pudiéreis, donde encontraréis a mi mujer y a mis hijas en compañía de Alvar Fáñez, tal como me lo han comunicado, y traédmelos a todos con grandes honores. Yo me quedaré en Valencia, porque

me ha costado mucho esfuerzo hacerme con ella y des-
ampararla sería una gran locura. Así, pues, en Valencia permaneceré, ya que la tengo por heredad.

Los caballeros designados por el Campeador, cabalgan al punto, se dirigen a Santa María y aquella noche
se albergan en Bronchales. Al día siguiente llegan a Molina, donde sale a recibirlos Abengalbón, haciendo grandes extremos de gozo.

Mucho se huelga de poder servir al Campeador;
proporciona a sus hombres una gran comida y al día
siguiente marcha con ellos: pero en lugar de los cien

jinetes que el Cid pide, hace que le acompañen doscientos.

Atraviesan las montañas abruptas, pasan la mata de
Taranz y se preparan para bajar al valle de Arbujuelo.

Minaya está en Medinaceli con grandes precauciones, y al ver tanta gente armada. envía dos caballeros
para que averigüen quiénes son. Uno de ellos se queda
con los que vienen y tan solo el otro vuelve a presencia
de Alvar Fáñez, que, después de oírle, ordena simplemente:

—Vamos a cabalgar.

Salen cien caballeros de agradable presencia, en buenos caballos, con coberturas de cendal y petrales de cascabeles; llevan los escudos al cuello y empuñan las lanzas con pendones, para que los que vienen vean cuán sensato es Alvar Fáñez y de la manera como ha salido de Castilla con las señoras que conduce.

El encuentro es alegre y cordial. Los caballeros que marchan delante han empuñado las armas para despertarse con ellas en las orillas del Jalón.

Todos pernoctan en Medinaceli, donde celebran grandes festines, que costea el monarca. El mensajero real se despide, y, después de oír la santa misa, Minaya y todos los del Cid se ponen en camino. El obispo don Jerónimo custodia a las damas y Alvar Fáñez va a su lado.

Abengalbón agasaja a los viajeros cuando llegan a Molina y los acompaña hasta cerca de Valencia.

Al llegar a tres leguas de esta ciudad, Minaya manda un recado al Cid.

Cómo se alegra el Campeador cuando le llegan las noticias de las personas que más quiere. Ordena que salgan doscientos caballeros para recibir a Alvar Fáñez y a las señoras hidalgas que vienen con él. El Cid permanece en la ciudad, bien seguro de que Minaya viene con toda clase de precauciones. Luego manda a sus servidores que guarden bien el alcázar, las torres altas, las entradas y salidas, y que le preparen a *Babieca*, un caballo que acaba de ganar al rey de Sevilla y que aún ignora si será buen corredor y fácil de frenar, pues desea jugar las armas en honor de su mujer y de sus hijas. El obispo don Jerónimo se adelanta, penetra en la capilla, se reviste, se hace acompañar de cuantos puede, los cuales se ponen las sobrepellices, empuñan las cruces de plata y salen con él, procesionalmente, para recibir a la esposa y a las hijas del Campeador con toda solemnidad.

El que en buena hora nació tampoco se descuida; cíñese la sobregonela, dejando ver su luenga barba, y sale sobre *Babieca*, ya ensillado y con todos los arreos puestos. El Cid toma las armas de justar y, espoleando el corcel, hace una carrera tan extraordinaria que todos quedan maravillados, y desde aquel instante *Babieca* se hace famoso en los ámbitos de España.

Terminada la carrera, mio Cid se dirige hacia donde están su mujer y sus dos hijas. Cuando doña Jimena le ve venir, se arroja a sus pies y le saluda, emocionada.

—¡Merced, Campeador, que en buena hora has ceñido espada! Me habéis librado de muchas humillaciones y peligros; pero al fin estamos aquí, yo y vuestras hijas ambas, que están buenas y criadas ya.

Rodrigo abraza con fuerza a su mujer y a sus hijas y todos lloran de gozo y de emoción.

Al entrar en Valencia, oíd lo que dice el Campeador:

—Vos, doña Jimena, querida mujer y honrada, y mis dos hijas de mi corazón y mi alma, entrad conmigo en Valencia, esta heredad que para vos tengo ganada.

Desde las torres más altas del alcázar, Jimena, sus dos hijas y las dueñas del séquito contemplan, con sus bellos ojos, cómo yace Valencia a sus pies; el mar, allá lejos; la hermosa huerta, grande y feraz, y cuantas cosas pueden producirles gozo. Levantan las manos al cielo y dan gracias a Dios por esta ganancia tan grande y tan excelente.

V

La caída de Valencia en poder del Cid ha pesado grandemente al rey Yusuf, de Marruecos, quien decide arrebatarla de manos del Campeador.

Así, pues, reúne un ejército poderoso de cincuenta mil hombres y con ellos embarca rumbo a las costas de Valencia. Llegado a ellas, acampa frente a la ciudad.

Doña Jimena, sus hijas y las dueñas, contemplan las tiendas enemigas desde el alcázar y los guerreros musulmanes, muy numerosos, empiezan a invadir la huerta.

Ya ve el Cid que no tendrá más remedio que combatirlos, pues una ciudad que tanto le ha costado y que constituye sus bienes todos, no podrá abandonarla sino con la vida.

Doña Jimena y las damas dueñas tienen mucho miedo; pero el Campeador las anima con estas palabras irónicas:

—Mujer honorable, no tengas pesar. Esta es una riqueza maravillosa y grande que nos viene. En cuanto has llegado, os quieren hacer un presente, y como nuestras hijas ya son casaderas, os traen el ajuar.

—Gracias a vos, Cid, y al Padre espiritual—responde doña Jimena.

—Mujer, permaneced en este palacio y en el alcázar, no tengáis pavor porque me veáis lidiar, pues, por la merced de Dios y de Santa María madre, se me crece el corazón por estar vos delante. Con ayuda de Dios he de llevarme la victoria—añade Rodrigo.

Amanece. Los moros han levantado las tiendas. Tocan los atambores con gran estrépito. Mio Cid se alboroza.

—¡Gran día será el de hoy!

Mas, de nuevo ha de animar a Jimena y a las otras mujeres, que tienen tal pavor como no lo han conocido desde que nacieron.

Doña Jimena siente que el corazón se le parte.

—Antes de quince días, si Dios quiere, habremos ganado esos atambores y os los pondrán delante para que veáis cómo son. Después se los daré al obispo don Jerónimo para que los cuelgue en Santa María (*).

Este voto hace mio Cid, y las dueñas se tranquilizan.

Entre tanto, los moros avanzan por las huertas adelante.

El atalaya los ve desde lejos y toca la esquila. Los hombres de Rodrigo se arman a conciencia, salen de la ciudad y acometen a los moros con denuedo.

Al acabar el día han dado muerte a quinientos musulmanes y la persecución llega hasta la tienda de Yusuf; pero Alvar Salvadórez ha caído prisionero.

Si esta jornada ha sido buena, a pesar de todo, la de mañana será mejor todavía.

_____

(*) Los tambores no se conocían en España hasta que los trajeron los almorávides, que eran los que a la sazón ataoaban a Valencia. El Cid fue el único gran caudillo cristiano que pudo contenerles.

El Cid hace su plan de batalla y Alvar Fáñez le pide ciento treinta caballeros para sorprender al enemigo en pleno combate, atacándole por un lado distinto.

El plan gusta a Rodrigo y así queda concertado.

Con el canto de los gallos, antes del alba, el obispo don Jerónimo dice la santa misa.

—A quien muriere aquí, peleando cara a cara, yo le perdono sus pecados y Dios cogerá su alma.

A continuación pide al Cid el honor de hacer las primeras heridas. El Cid se lo concede.

Las tropas del Campeador salen por las torres de Cuarte.

El Cid monta ágilmente sobre *Babieca* y sus treinta mil hombres escasos van a enfrentarse con los cincuenta mil soldados del sultán.

Minaya y Alvar Alvarez atacan a los moros por sorpresa, y el Criador quiere dar la victoria al Cid.

Rota la lanza, el héroe saca la espada..., la sangre enemiga baja hasta el codo, y al rey Yusuf le ha dado tres golpes terribles, mas el sultán consigue escaparse y se refugia en el castillo de Cullera.

El Cid, vencedor, vuelve al lugar donde las dueñas han estado rezando por él, mientras Minaya se entretiene todavía en contar el fabuloso botín alcanzado.

Rodrigo dice a Jimena que quiere casar bien a todas sus dueñas con los vasallos que luchan por él y les ofrece doscientos marcos de dote. Que se enteren en Castilla... En cuanto a sus hijas doña Elvira y doña Sol, la boda futura es asunto de la mayor importancia y habrá de tratarse en el momento oportuno.

Ya no pueden contarse los vestidos valiosos, las tiendas, las armas, el botín riquísimo que cae en poder de los cristianos. Al Cid le tocan mil caballos en la parte suya y los demás quedan sueltos, y son tantos que nadie

puede recogerlos. A los moros valencianos también les toca alguna ganancia.

Al final del campamento está la tienda de Yusuf, que tiene dos tendales de oro. Pero el Cid ordena que no la toque nadie porque desea regalársela a su rey.

El obispo don Jerónimo ha peleado con las dos manos y no lleva cuenta de los moros que ha muerto. El Cid le obsequia dándole el diezmo del quinto que le ha correspondido a él.

El Campeador dispone otro regalo de doscientos caballos, con sus sillas, frenos y sendas espadas para el rey de Castilla y encarga a Minaya y a Pero Bermúdez que se los lleven, con doscientos hombres de escolta. Este obsequio hace Rodrigo a su soberano por amor de su mujer y de sus hijas, que ya están a su lado gracias a que Alfonso las dejó marchar donde ellas deseaban.

Alvar Fáñez y Pero Bermúdez besan las manos al Cid y parten de Valencia. Marchan con gran cuidado porque llevan un tesoro con ellos; atraviesan las sierras, los montes y los ríos y preguntan por el soberano, a quien encuentran en Valladolid.

VI

Alfonso se alegra mucho cuando sabe la llegada de Alvar Fáñez y de Pero Bermúdez, y sale a recibirlos con sus hidalgos. Esto hace cavilar a los infantes de Carrión y disgusta a García Ordóñez, el enemigo de mio Cid.

La ira del conde sube de punto cuando Minaya y Pero Bermúdez dan cuenta al rey de la gran victoria que acaba de obtener el infanzón de Vivar sobre los cincuenta mil hombres de Yusuf y las incontables rique-

zas ganadas en lucha tan desigual, y de las que son buena muestra los doscientos caballos que entregan a Alfonso como regalo del Campeador, quien sigue considerándose su leal vasallo.

—¡Es una maravilla que la honra del Cid crezca tanto!—exclama el envidioso conde—. Su honra nos humilla a nosotros, y por vencer a los reyes en el campo tan vilmente como si los hallase muertos, y llevarse después sus caballos, habrá de venirnos a nosotros algún contratiempo.

Mas, Alfonso da gracias a Dios y a San Isidoro, no olvidemos que ha sido rey de León, donde se veneran las reliquias del Santo, antes que monarca de Castilla, y regala a Alvar Fáñez y a Pero Bermúdez ricas vestiduras y armas para que se presenten con ellas ante el Campeador. También les obsequia con tres caballos.

—Me parece, y el corazón me lo dice——añade el rey—, que todas estas noticias van a acabar en algo bueno.

Los emisarios de Rodrigo se retiran a reposar y, entre tanto, los infantes de Carrión cambian impresiones:

—Las noticias del Cid son mejores cada vez; pidamos a sus hijas para casarnos con ellas; acrecentaremos nuestra posición y, además, medraremos.

Y se acercan al rey con esta pretensión.

Alfonso medita mucho antes de responder; pero, al fin, accede. Llama aparte a Pero Bermúdez y a Minaya, les dice que está dispuesto a perdonar al Cid y que será un honor para este entroncar con la noble familia de los infantes de Carrión, que quieren casar con sus dos hijas. En fin, si el Campeador lo desea, el monarca está dispuesto a que se celebre una entrevista entre ambos.

Minaya y Pero Bermúdez parten hacia Valencia. Mio Cid sale a recibirlos cuando tiene noticia de su llegada, y los dos caballeros exponen a su señor la proposición que le hace el rey.

—Decid, Minaya, y vos, Pero Bermúdez, de este casamiento, ¿qué os parece a vosotros?

—Lo que a vos pluguiese, eso mismo decimos nosotros—le responden.

Y añade el Cid:

—De gran linaje son los infantes de Carrión, muy orgullosos; forman parte de la corte y este casamiento no me gusta; pero, pues lo aconseja quien vale más que nosotros, que Dios del cielo nos aconseje mejor.

En cuanto a las entrevistas con Alfonso, mio Cid decide que se celebren a orillas del Tajo.

Y escribe al Rey diciéndole que él hará lo que quisiere su señor.

VII

Alfonso recibe con alegría a los mensajeros del Cid y dispone que las entrevistas sean de allí a tres semanas, porque, si Dios le da vida, no faltará.

Y comienzan a prepararse, lo mismo el monarca de Castilla y León que los infantes Diego y Fernando.

¿Quién ha visto en Castilla tanta mula preciada, tanto palafrén de buena andadura, caballos hermosos y corredores, pendones en astas magníficas, escudos con oro y plata, mantos y pieles y buenos cendales de Andría?

El rey ordena que se lleven grandes provisiones a las orillas del Tajo, donde han de celebrarse las vistas, y marcha a ellas con un séquito lucido y numeroso.

Los infantes de Carrión caminan muy alegres porque piensan que han de hacerse ricos, y les sigue una gran compañía. Mesnadas de gallegos y de leoneses marchan con el rey. Y asimismo los castellanos, que son incontables. Todos galopan a rienda suelta.

El Cid, en Valencia, también se prepara. ¡Qué lujo de mulas, de palafrenes, de caballos corredores, de armas, de capas, de mantos y de pieles magníficas!

Los mejores guerreros de mio Cid también se aderezan para la entrevista: Minaya Alvar Fáñez, Pero Bermúdez, el obispo don Jerónimo, Alvar Alvarez, Martín Antolínez, Muño Gustioz, Galindo García, Alvar Salvadórez, que ya han recobrado la libertad. A estos últimos les encarga el Campeador que se queden en Valencia y cuiden a Jimena y a sus hijas, que permanecerán en ella. No deben abrirse las puertas del alcázar a nadie, ni permitir a las dueñas que salgan de su recinto hasta que él regrese.

El rey llega al lugar de las vistas un día antes que el Cid. Cuando el monarca ve al Campeador, sale a su encuentro. Rodrigo manda a los suyos que frenen sus caballos, menos a los quince más íntimos, que se adelantan con él para saludar al soberano.

Llegados ante Alfonso, echan pie a tierra. El Cid hinca en el suelo manos y rodillas y muerde las hierbas del campo mientras llora con el mayor gozo.

Así se humilla ante su señor, que le dice afectuosamente:

—Ponéos en pie, Cid Campeador, besadme las manos; pero los pies no; si no hacéis esto, no tendréis mi amor.

Rodrigo permanece de rodillas:

—Merced os pido a Vos, mi natural señor, estando así, para que me deis vuestro amor, que lo oigan todos cuantos aquí están.

—Así lo haré de alma y de corazón. Aquí os perdono y os doy mi amor. Desde hoy podréis entrar en todo mi reino.

—Merced; yo lo acepto, Alfonso, mi señor; se lo agradezco al cielo y después a Vos y a estas mesnadas que están en derredor.

De rodillas aún, el Cid besa las manos al rey y luego se pone en pie y le da otro beso en la boca.

Todos los presentes lo ven con alegría menos Alvar Díaz y García Ordóñez.

El Cid invita al rey a que sea su huésped, mas el rey le dice que por aquella noche es él quien debe ser el suyo.

Los infantes de Carrión creen llegado el momento de intervenir y se dirigen al Cid para saludarle. Alfonso y todos sus caballeros contemplan las barbas del Cid con admiración, extrañados de que le hayan crecido tanto en tan poco tiempo.

Al siguiente día, el obispo don Jerónimo canta la misa. Luego se reúnen Alfonso y el Cid. El monarca, entonces, propone al Campeador el matrimonio de sus hijas con los infantes Fernando y Diego.

—Vuestras hijas os pido, doña Elvira y doña Sol, que se las deis por mujeres a los infantes de Carrión. El casamiento me parece de gran provecho y honor; ellos os las piden y os lo recomiendo yo.

El Cid se resiste, porque sus hijas tienen pocos años. Sin embargo, los infantes pertenecen a un gran linaje. Así, pues, tanto Rodrigo como sus hijas se ponen en manos del rey.

—Dadlas a quien queráis, yo quedaré satisfecho.

Los infantes se ponen en pie, besan las manos al Cid y cambian las espadas ante el rey como símbolo del pacto que hacen. Alfonso, entonces, añade:

—Gracias, Cid, como bueno y predilecto del Criador, me dais vuestras hijas para los infantes de Carrión. Desde este momento tomo en mis manos a doña Elvira y a doña Sol y se las doy por esposas a los infantes de Carrión.

Seguidamente, Alfonso ofrece a los novios trescientos marcos de plata, para ayuda de las bodas o para que los empleen en lo que prefiera el Cid.

—Una vez en Valencia, todos serán hijos vuestros. Haced de ellos lo que os plazca.

Rodrigo da las gracias a su rey:

"*Mucho os lo agradezco, como rey y señor. Vos casáis a mis hijas, que no se las doy yo*", dice el poema.

El Cid, entonces, regala todas las mulas, palafrenes y vestiduras ricas a cuantos se los piden. A nadie dice no.

Alfonso coge a los infantes de las manos y se los entrega al Cid.

Rodrigo pide al rey que designe a un representante suyo para que reciba a doña Sol y a doña Elvira, pues él no quiere entregarlas a los infantes por su propia mano.

El monarca se dirige al más calificado de los caballeros del Cid, a Minaya:

—Alvarez Fáñez, tomadlas con vuestras manos y dadlas a los infantes, así como yo las tomo desde aquí, como si estuvieran presentes. Sed padrino de ellas en la ceremonia de la boda y cuando volvamos a reunirnos, que me digáis la verdad.

Responde el lacónico Minaya:

—Señor, a fe que me place.

El Campeador obsequia al rey con treinta palafrenes bien enjaezados y treinta caballos corredores, con sus sillas respectivas.

Rodrigo monta sobre *Babieca* y exclama:

—Aquí lo digo, delante de mi señor el rey don Alfonso: quien quiera asistir a las bodas o recibir mis regalos, que se venga conmigo desde este momento, porque creo que sacará provecho.

El Cid se despide del rey Alfonso; no consiente que el soberano salga a despedirle a él, y muchos caballeros del séquito real se unen al Cid para acudir a las bodas de sus hijos.

Rodrigo encomienda a Pero Bermúdez y a Muño Gustioz que acompañen a los infantes y, una vez llegados a Valencia, les manda que los alojen y permanezcan a su lado. Al día siguiente, cuando amanezca, deberán ir a saludar a sus esposas.

Cada cual marcha a su alojamiento y el Cid entra en el alcázar, donde le reciben su mujer y sus hijas con grandes muestras de respeto y de cariño.

El Cid les comunica inmediatamente que acaba de casarlas y que el matrimonio con los infantes de Carrión acrecienta su honra.

—Pero, sabed la verdad—les advierte—, que no lo intenté yo; os lo ha pedido y rogado el rey Alfonso, mi señor, tan firmemente y de todo corazón, que yo no pude negárselo. Os he puesto en sus manos, hijas mías; podéis creerme, es el rey quien os casa, yo no.

VIII

Pronto empiezan los preparativos para las bodas. Tapices, telas de púrpura y de seda cubren los muros del alcázar y los pisos están ricamente alfombrados.

Los caballeros se reúnen rápidamente y los designados van en busca de los infantes, que vienen a caballo y vestidos con lujo y ostentación.

Llegados al alcázar, penetran, muy comedidos, hasta el salón donde los esperan el Cid y doña Jimena, rodeados de sus caballeros más importantes.

El Campeador entrega a sus dos hijas en manos de Minaya, y este, en nombre del rey, se las da a los infantes, que, después de recibirlas, besan la mano del Cid. Seguidamente los novios y el cortejo nupcial se encaminan al templo de Santa María, en cuya puerta les espera el obispo don Jerónimo, que se reviste, los casa, y canta una solemne misa.

Los caballeros van al arenal alegremente, para jugar las armas.

El Cid cambia tres caballos y se alegra de ver que los infantes de Carrión cabalgan muy bien. Al fin todos vuelven al alcázar. Las fiestas duran quince días; el Campeador hace espléndidos regalos a los hidalgos que han acudido a ellas; más de cien bestias, entre caballos corredores, palafrenes, mantos, pieles, vestidos lujosos, dinero en moneda... Y los vasallos del Campeador también habían obsequiado a sus huéspedes con largueza y generosidad. Todos cuantos han acudido a las bodas vuelven ricos a Castilla.

Durante cerca de dos años, el Cid y su familia viven felices en Valencia la mayor, como la llama el poeta del Cantar.

Quieran Santa María y el Padre Santo (*) que el Cid y el que propuso este casamiento, puedan alegrarse de que se haya realizado.

Aquí terminan las coplas de este cantar.

(*) Se refiere al Padre Eterno, y no al Papa.

LA AFRENTA DE CORPES

En Valencia estaba el Cid con todos los suyos, incluso con sus yernos, los infantes de Carrión, y dormía en un escaño, cuando se escapó de la jaula un león que tenía, según costumbre entre los grandes señores.

La fuga del fiero animal produce gran desconcierto en la corte del Cid; los caballeros más adictos empuñan las armas y rodean el escaño donde dormita Rodrigo, para defenderle, en caso preciso, mas los infantes de Carrión son muy cobardes; uno de ellos, Fernando, presa del mayor pánico, no da con puerta ni ventana por donde salir y se agazapa debajo del propio escaño del Campeador, mientras Diego echa a correr despavorido y gritando: "¡Ya no veré Carrión!" Se esconde debajo de la viga de un lagar.

Rodrigo despierta al oír el alboroto y se ve rodeado por sus hombres. ¿Qué sucede?, les pregunta, y, sin perder la calma, y el sereno valor, se dirige hacia donde está la fiera, causa de tanto pavor y desconcierto.

El Cid avanza hacia el león, que, viéndole venir tan resuelto, baja la cabeza y se deja coger por el cuello como un perrillo manso.

Rodrigo le enjaula otra vez y los que contemplan el hecho alaban el valor sin límites del infanzón de Vivar.

Pero mio Cid pregunta, entonces, por sus yernos.

Diego y Fernando comparecen, pálidos, sucios, cariacontecidos, y la corte se ríe de su cobardía y de su aspecto lamentable. Mas el Cid impone silencio a todos. Fernando y Diego, avergonzados, se lamentan profundamente.

Entre tanto, el rey Búcar, de Marruecos, se presenta delante de Valencia para reconquistarla; síguele

un ejército imponente, el cual acampa en el campo de Cuarte, donde levanta cincuenta mil tiendas.

El Cid y sus guerreros se alegran, porque piensan apoderarse del botín riquísimo de los musulmanes; pero la idea de una gran batalla causa verdadero pánico a los dos infantes, que ya están arrepentidos de haberse casado con las hijas del Campeador.

—Pensamos en las ganancias—se dicen—, pero no en las pérdidas. En esta batalla habremos de tomar parte. Esto se pone de manera que ya no veremos Carrión. Viudas van a quedarse las hijas del Campeador.

La conversación privada de los infantes es oída por Muño Gustioz, que se la transmite al infanzón de Vivar, y le aconseja vaya a consolarlos

Así lo hace Rodrigo, que se dirige a Diego y Fernando, y les sonríe.

—Dios os salve, yernos, infantes de Carrión, que tenéis en vuestros brazos a mis hijas, tan blancas como el sol. Yo deseo las lides, vosotros a Carrión; descansad en Valencia a vuestra completa satisfacción porque de aquellos moros ya me ocuparé yo.

Mientras habla así, el rey Búcar envía un emisario a Rodrigo para pedirle que le entregue la ciudad a cambio de dejarle salir de ella pacíficamente. Pero el Cid responde al mensajero que antes de tres días dará al rey Búcar lo que pide.

Y al siguiente, mio Cid sale bien armado, a la cabeza de su mesnada, para combatir a los marroquíes.

Los infantes van con él, y Fernando se adelanta hacia el enemigo para herir a un moro temible que se llama Aladraf. Este moro, tan pronto como ve que el infante se le echa encima, sale a su encuentro y entonces Fernando, presa de un miedo irresistible, vuelve grupas y huye hacia el campamento cristiano.

Le ve Pero Bermúdez y corre para ponerse a su lado; luego espera al bravo Aladraf, lucha contra él y le mata. Inmediatamente busca a Fernando y le ofrece el caballo recién cogido, proponiéndole que diga lo ha ganado él mismo en lucha contra el sarraceno. Pero Bermúdez le promete que guardará el secreto siempre.

Y, en efecto, al otro día, el infante se declara matador del moro.

Este acontecimiento alegra mucho a mio Cid, que piensa:

—Si Dios quiere, mis yernos todavía pelearán en el campo como los buenos.

Y encomienda a Pero Bermúdez que cuide de ellos, porque los enemigos, con la ayuda de Dios, no han de quedar por dueños del campo.

Mas, Pero Bermúdez responde que no quiere ocuparse de los infantes; lo que desea es atacar a los moros en la vanguardia del ejército del Cid.

Don Jerónimo pide al Campeador que le conceda los primeros golpes de la batalla, y, si no se lo concede, abandonará la ciudad de Valencia:

—Hoy os he dicho la misa de la Santísima Trinidad. Salí de mi tierra y vine a buscaros por gusto de matar algún moro, honrando, así, mis armas.

—Haced lo que pedís—responde Rodrigo.

Y comienza la batalla.

Los del Cid lidian muy bien: don Jerónimo hiere a los enemigos y mata a dos; Rodrigo de Vivar da muerte a otros dos moros con la lanza y a cinco con la espada, montando a *Babieca.*

El triunfo del Cid enardece a los cristianos; Rodrigo embraza el escudo, baja el asta de la lanza, aguijonea a *Babieca el caballo que bien anda,* derriba a siete caballeros moros y mata a cuatro más.

Este hecho será decisivo para el triunfo del Campeador. Ya estallan las cuerdas de las tiendas cerca de los tendales.

La victoria del Cid es completa y da comienzo la persecución. Allí vierais caer brazos con lanzas y cabezas con yelmos, rodando por la tierra, y caballos sin jinete y sin guía. Siete millas corren los perseguidores. El Cid alcanza a Búcar, ya muy cerca del mar; alza la espada y la deja caer con fuerza sobre el yelmo del monarca marroquí. El arma penetra en la cabeza del rey moro y se la parte por la mitad. Acaba de morir Búcar y el Cid gana la espada *Tizona,* que bien vale mil marcos de oro. El Cid y los suyos se honran en tan memorable acción de guerra. Vuelve Minaya con el escudo al cuello y todo marcado por las señales de la lucha.

—Has matado a Búcar—exclama—, y hemos quedado dueños del campo; vuestros yernos están hartos de lidiar con moros.

Rodrigo se alegra y dice de buena fe:

—Cuando son buenos ahora, más adelante serán mejores. Pero Fernando y Diego, que saben muy bien lo poco que han guerreado, interpretan mal las palabras del Cid y creen que se burla de ellos.

Las ganancias son llevadas a Valencia, donde Rodrigo las reparte; es un verdadero tesoro y todos gozan alegremente del triunfo. Los yernos del Campeador están muy contentos con su parte, pues piensan que ya no volverán a pasar apuros de dinero en toda su vida.

Rodrigo se siente satisfecho y da gracias al Señor, mientras se acaricia la barba. Sus yernos se han portado como valientes en el combate—eso piensa—, antes era pobre y ahora es rico; vence en todás las batallas le temen los moros y los cristianos; incluso en Marruecos se sienten amenazados, aunque él no piensa desembarcar allí.

Los infantes de Carrión se pavonean como si hubieran contribuido a la gran victoria; pero los guerreros del Campeador hacen burla de ellos, y Diego y Fernando, que son codiciosos y ruines, empiezan a sentir deseos de vengarse y de regresar a Carrión con las grandes ganancias que ya tienen.

Su maldad va todavía más lejos.

—Pidamos al Cid que nos entregue a nuestras mujeres, con el pretexto de que vamos a llevarlas a Carrión para que vean sus heredades, y cuando estemos fuera del alcance del Cid, afrentemos a doña Sol y a doña Elvira, no sea que vayan a echarnos en cara nuestra conducta cuando se escapó el león. Después de abandonar a las hijas del Cid, disfrutaremos de nuestras riquezas y podremos casarnos con hijas de reyes y de emperadores; pues por algo somos de la estirpe de los condes de Carrión.

Diego y Fernando vuelven a presencia del Cid, le saludan, así como a Minaya, que está presente, y exponen sus deseos de que doña Sol y doña Elvira entren en posesión de las heredades que les dieron en arras, o dote, al casarse con ellas.

Rodrigo no recela nada malo; por el contrario, lleno de satisfacción, da a sus hijas, para el ajuar, tres mil marcos; y, además, palafrenes, mulas, caballos de montar, pues los palafrenes eran animales de buena andadura y muy fuertes, que se utilizaban para viajes y transportes. Les regala, también, muchos vestidos de paño y seda tejidos en oro, y las espadas *Colada* y *Tizona*.

—Sois mis hijos amados—les dice, con ternura—, puesto que os doy a mis hijas. Allá me lleváis las entretelas del corazón. Servidlas bien, que son vuestras mujeres, y, si así lo hacéis, yo os premiaré.

Los infantes prometen al Campeador, traidoramente, que harán como desea y reciben a sus mujeres y las riquezas que Rodrigo acaba de otorgarles.

La noticia del viaje corre por Valencia, y todos los vasallos del Cid se preparan para hacer una gran despedida a las hijas de su señor.

Doña Elvira y doña Sol se arrodillan ante Rodrigo y Jimena pide al primero que les envíe mensajeros a tierras de Carrión.

El padre y la madre bendicen a sus hijas; ellas le besan las manos, y parte de Valencia el cortejo que las conduce, atravesando la huerta mientras los caballeros juegan las armas.

Al llegar al límite de sus dominios, el Cid llama a su sobrino, Félez Muñoz, y le encomienda la escolta de sus hijas hasta Carrión, de donde debe regresar con noticias de las heredades que Diego y Fernando hayan dado a sus esposas.

Minaya se dirige al Cid para decirle que ha llegado el momento de volver a Valencia; pero, si Dios quiere, ya irán a Carrión todos para ver a los recién casados.

En el momento de la despedida, las hijas, los padres y los caballeros presentes, lloran sin poderse contener.

El Cid y Jimena se separan de sus hijas como la uña de la carne; pero ya regresan aquellos a Valencia, mientras doña Sol y doña Elvira, con sus maridos, atraviesan la sierra de Albarracín y llegan a Molina, donde son huéspedes del buen Abengalbón, que los obsequia con largueza y los escolta con doscientos caballeros.

Los malvados infantes conciben entonces el proyecto de asesinar al buen musulmán para apoderarse de todos sus bienes. Han pasado los montes de Luzón y

Arbujuelo, y hacen alto en Ansarera, lugar próximo al Jalón.

Pero un moro fiel, que sabe castellano, les ha oído, y corre a dar parte de todo al propio Abengalbón.

El sarraceno, un hombre esforzado, detiene su caballo ante los infantes y, después, encarándose con ambos, les dice:

—Si no fuera por mio Cid el de Vivar, os haría tal cosa que sonaría por el mundo; devolvería al leal Campeador sus hijas y no volveríais a Carrión jamás. ¿Qué os he hecho yo, decidme, para que traméis mi muerte? Ahora mismo me separo de vosotros como malvados y traidores que sois. Me iré con vuestro permiso, doña Elvira y doña Sol, pues no me merece ninguna estima lo que piensen los de Carrión. Dios, que es señor de todo el mundo, quiera y mande que el Campeador pueda congratularse de este casamiento.

Y dicho esto, se vuelve a Molina.

Los infantes abandonan Ansarera; marchan de día y de noche; dejan Atienza a un lado, pasan la sierra de Miedes, Montes Claros y las proximidades de Griza. Más adelante, a mano derecha, está San Esteban de Gormaz. Ya penetran en el robledal de Corpes, de árboles tan altos como las nubes, y rodeados de fieras.

Encuentran un vergel y una fuente de agua clara, y allí mandan colocar la tienda para pasar la noche. Entonces se muestran muy cariñosos con sus mujeres.

Al amanecer, los infantes ordenan a los criados que salgan delante con la impedimenta, y ellos se quedan rezagados con sus mujeres.

Cuando ya están los dos matrimonios solos, Fernando y Diego se dirigen a sus desdichadas esposas:

—Creedlo bien, doña Elvira y doña Sol; aquí, en estos fieros montes, vais a ser escarnecidas y abandonadas por nosotros. No tendréis parte en nuestros bienes de Carrión. Estas noticias llegarán al Cid Campeador. Con esta afrenta nos vengaremos de aquella del león.

Y, dichas tan viles palabras, desnudaron a las dos infelices hasta dejarlas tan solo con las camisas.

—Don Diego, don Fernando—suplica doña Sol—, os lo pedimos por amor a Dios; lleváis dos espadas fuertes y tajantes, *Colada* y *Tizona*, cortadnos las cabezas con ellas y seremos mártires. Moros y cristianos dirán que nos lo hemos merecido; mas no cometáis la crueldad de ultrajarnos; os envilecéis haciéndolo así y os lo demandarán en vistas o en cortes.

Pero los malvados no atienden las súplicas de sus víctimas y empiezan a golpearlas ferozmente con las cinchas de los caballos y con las espuelas que llevan calzadas, hasta que la sangre brota, limpia, por encima de los briales destrozados.

¡Ah, si pluguiera a Dios que apareciera el Cid!

Pero sus infelices hijas yacen ya sobre la tierra del robledal mientras los criminales infantes se alejan a caballo dejándolas por muertas, y alabándose por haberse vengado tan sañuda y cruelmente.

A todo esto, Félez Muñoz, que conoce a fondo a Diego y a Fernando, sospecha por qué le han mandado ir delante, y cuando va a pasar por un monte espeso, se separa de los otros sin que lo noten y se esconde entre la maleza, para esperar a sus primas. Algún tiempo des-

pués ve pasar a los infantes, solamente, y por algunas palabras que les oye, decide volver grupas tan pronto como aquellos se alejan, y partir a todo escape en busca de doña Elvira y de doña Sol, siguiendo el rastro de los caballos.

Al fin las halla en tan lamentable estado, que parecen muertas.

—¡Primas, primas mías! ...—grita Félez Muñoz, con el corazón destrozado. Pero no pueden responderle.

—Despertad, primas, por el amor del Criador, mientras es de día, antes que entre la noche y las fieras nos devoren en este monte.

Las hijas del Cid vuelven, al fin, de su desmayo; piden agua, que Félez Muñoz les da, solícito; pero rogándoles al propio tiempo que hagan un esfuerzo para salir de aquel lugar, pues los infantes notarán pronto su falta y volverán a buscarle y matar a los tres.

Con gran esfuerzo, doña Sol y doña Elvira consiguen reanimarse y ponerse en pie. Félez Muñoz las envuelve en su manto y las monta a la grupa del corcel que trae; toma la rienda y las saca del robledal de Corpes, ya entre dos luces.

A orillas del Duero se alza la torre de doña Urraca.

Félez Muñoz deja allí a sus primas y él corre a San Esteban de Gormaz para buscar a alguien que les ayude. Encuentra a Diego Téllez, que fue de Alvar Fáñez y lleva vestidos a las víctimas y bestias para trasladarlas a Gormaz. Una vez aquí, los vecinos quieren darles tributo de viandas, grano y vino, lo que se llama *enfurción*, y, entre todos, atienden a doña Sol y a doña Elvira lo mejor que pueden hasta que las dos señoras se sienten del todo restablecidas.

La noticia del suceso ha corrido por todas partes y, mientras los criminales siguen alabándose por su fechoría, el rey don Alfonso se duele de todo corazón.

A Valencia llega un mensaje, probablemente del propio Félez Muñoz, dando cuenta de lo ocurrido, y el Cid, lleno de pesadumbre, medita durante una hora larga. Luego exclama:

—Gracias a Cristo, que es Señor de todo el mundo, cuando los infantes de Carrión me han dado honra de esta manera, por estas barbas que nadie ha mesado jamás, que no habrán de lograrla ellos. Y en cuanto a mis hijas, las casaré mejor.

De alma y corazón pesa lo sucedido a toda la corte y al leal Alvar Fáñez, sobre todo.

El Cid ordena que salga en busca de sus hijas con doscientos hombres, cabalgando de noche y de día, sin detenerse, hasta que llegue a San Esteban.

Así lo hace el buen caballero. Y con él marchan Pero Bermúdez y Martín Antolínez, el burgalés de pro.

Los habitantes de Gormaz le ofrecen tributos, como vasallos, pero Alvar Fáñez los rechaza cortésmente, y les da las gracias por este acto de amistad y por su generoso comportamiento para con las hijas de su señor.

Doña Elvira y doña Sol se alegran de ver a Minaya y lloran de emoción. El caballero y Pero Bermúdez tampoco pueden contener el llanto.

Al día siguiente, por la mañana, todos parten hacia Valencia, acompañados por los vecinos de Gormaz hasta el Río de Amor.

A su paso por Molina, Abengalbón sale a recibirlos y les da una gran cena. Desde allí marchan a Valencia.

El Cid recibe a sus hijas con alegría y les promete un casamiento mejor. De sus yernos los infantes de Carrión, Dios quiera que pueda vengarse.

Y, en efecto, llamando a Muño Gustioz, le ordena que vaya a Sahagún, donde está don Alfonso a la sazón, y le pida justicia contra los criminales infantes.

—El rey casó a mis hijas, que no yo—discurre Rodrigo—, y, por tanto, la deshonra cae sobre él más que sobre mí. Además, me han llevado riquezas que les di; que el rey los traiga a vistas, a juntas o a cortes, como deba ser en derecho, para que yo me querelle contra ellos, porque es muy grande el rencor que siento.

Parte, pues, Muño Gustioz, acompañado por dos caballeros y por algunos escuderos, y llega a Sahagún, donde está el rey de Castilla, de León, de las Asturias, y de Galicia, cuyos condes le tienen por señor.

El rey se pone en pie cuando ve entrar a Muño Gustioz en palacio, después de haberse humillado ante los santos del famoso monasterio.

Muño Gustioz se hinca de rodillas, saluda al monarca y le pide justicia, en nombre del Cid, contra los infantes de Carrión, haciéndole ver que si han deshonrado a Rodrigo y a sus hijas, mayor ofensa han hecho al soberano, puesto que fue él quien hizo las bodas.

Alfonso calla y medita durante un largo rato.

—En verdad te digo, Muño Gustioz, que me pesa de corazón lo sucedido. Yo casé a las hijas del Cid con los infantes y lo hice para bien suyo y para honrarlas más: ¡Ojalá no hubiera hecho nunca este casamiento! A mí y al Cid nos pesa de corazón, y le ayudaré según derecho, ¡así me salve el Criador! Nunca pude pensar que tendría que hacer esto. Mis emisarios irán por todo el reino pregonando la reunión de cortes dentro de Toledo. Que acudan a ellas condes e infanzones. Yo ordenaré que comparezcan allí los infantes de Carrión para que respondan ante el Campeador según es derecho, y que el Cid no tenga rencor, pudiendo yo remediarlo. Decid al Campeador que se prepare con sus vasallos, para ir a Toledo, porque dentro de siete semanas reuniré las cortes. Este plazo os doy y estas cortes hago por amor a él, salúdalos a todos y diles en mi nombre, que, de esto que les ha sucedido, habrá de venirles mayor honra.

Muño Gustioz vuelve a Valencia y Alfonso el castellano envía sus cartas a León, a Santiago, a los portugueses y a los gallegos, y a los de Carrión, y a los varones castellanos, para que acudan a las cortes que han de celebrarse en Toledo de allí a siete semanas. Y el que no acuda a ellas que no se tenga por su vasallo.

Tales noticias empiezan a pesar a los infantes don Fernando y don Diego, que sienten pavor de verse delante del Cid. Piden consejo a sus parientes y ruegan al rey que les dispense de acudir a las cortes; pero Alfonso contesta:

—No lo haré, así me salve Dios. Estoy ofendido con vosotros y he de hacer justicia al Cid. El que no quiera acudir a las cortes, que abandone mi reino, porque incurrirá en mi desamor y en mi castigo.

Los infantes piden ayuda al conde García, enemigo del Cid, y toman su consejo.

Se acerca el plazo señalado por el monarca. Entre los primeros que se ponen en camino hacia Toledo, va el buen rey don Alfonso, con sus yernos, don Enrique y don Raimundo y con el conde don Fruela y con el conde don Birbón. De todo el reino acuden personas doctas; y los mejores de Castilla. El conde don García —llamado el *Crespo de Grañón*—, Alvaro Díaz, que mandó en Oca, Asur González, Gonzalo Ansúrez y Per Ansúrez, y, por fin, Diego y Fernando, los infantes, que se presentan con un bando muy numeroso.

Rodrigo se retrasa y el rey está impaciente; pero, al

fin, llega Alvar Fáñez, que anuncia al monarca la venida del Campeador aquella misma noche.

El rey se prepara y sale a recibirle.

Rodrigo descabalga para humillarse ante su señor; pero Alfonso lo impide.

—¡Por San Isidoro! Eso no sucederá hoy. Cabalgad, Cid, si no queréis disgustarme. Hemos de saludarnos de alma y de corazón. De lo que a vos os sucede me duele a mí el corazón. Dios quiera que la corte se honre hoy por vos.

—Amén—dice el Campeador—. Me humillo a vos, conde don Ramón, y a vos, conde don Enrique, y a cuantos aquí son. Dios salve a nuestros amigos, y a vos aún más, señor. Mi mujer doña Jimena, dueña de pro, os besa las manos y mis hijas también, ambas a dos, para que esto que sufrimos os pese a vos, señor.

Responde el rey:

—Así lo hago, como ha de salvarme Dios.

Alfonso vuelve a Toledo. Mio Cid no quiere cruzar el río; prefiere pernoctar en el castillo de San Servando, donde se reunirán sus compañías por la noche. En este lugar santo (*) velará mio Cid hasta que se haga de día y entonces entrará en Toledo.

Efectivamente, al rayar la aurora, Rodrigo y sus caballeros oyen misa y se dirigen a la ciudad, que se levanta al otro lado del río. Acompañan al Cid sus mejores caballeros: Minaya Alvar Fáñez, que es su brazo derecho, el obispo don Jerónimo, Pero Bermúdez, Muño Gustioz, Martín Antolínez, Alvar Alvarez, Alvar Salvadórez, Martín Muñoz y Félez Muñoz, Galindo García —el bueno de Aragón—y, como perito en ieyes, un tal Mal Anda. Entre todos se reúnen cien hombres que ocultan sus armas bajo las blancas lorigas, por si los infantes o sus partidarios provocan alguna algarada.

Mio Cid se ciñe las calzas de buen paño y unos zapatos magníficos; luego se viste camisa de lino torzal, tan

---

(*) Alfonso VI construyó el castillo de San Servando sobre el solar de alguna fortaleza mora, y fue residencia de monjes cluniacenses, primero, y de caballeros templarios, después. Quizá por esto le llama santo el autor del poema.

blanca como el sol, con broches de oro, y encima, una piel bermeja adornada con franjas de oro también. Esta piel es la que usa siempre mio Cid. Se cubre la cabeza con una cofia de tela fina, tejida, asimismo, de oro, para que nadie le tire de los cabellos, y ata su luenga barba con un cordón por igual motivo, pues precisa prevenirse. Por último, se pone el rico manto.

Ya estaba el rey en las cortes cuando el Cid penetra en el lugar de la reunión. El soberano se levanta para saludarle, y lo mismo hacen los condes don Enrique y don Raimundo; no así los partidarios de los infantes leoneses, y, entre ellos, el más importante de todos, que es García Ordóñez, el *Crespo de Grañón*.

—Oíd, mesnadas—exclama Alfonso, poniéndose en pie—; desde que he sido rey no he hecho más que dos cortes: una, en Burgos,. y otra. en Carrión. Esta de Toledo es la tercera y la hago por amor de mio Cid, para hacerle justicia contra los infantes de Carrión. Todos sabemos la grave ofensa que le han inferido. Sean alcaldes de este asunto los condes don Enrique y don Raimundo, y los demás condes que no son de ningún bando. Pensad, meditad sobre el hecho que ya conocemos todos y haced justicia. Juro por San Isidoro que quien alborote mi corte, abandonará el reino y perderá mi amor. Yo estaré con el que tenga derecho. Ahora, que demande mio Cid el Campeador y sepamos lo que responden los infantes de Carrión.

El Cid se pone en pie, besa la mano al monarca y relata lo sucedido. Añade que no le han deshonrado a él por abandonar a sus hijas, sino al soberano, que es el que las casó. Y, puesto que no puede considerar por yernos a don Diego y a don Fernando, exige que le devuelvan sus espadas *Colada* y *Tizona*, ganadas por él en buena lid.

—Todo eso es de justicia—dicen los jueces.

Los infantes se asombran, al pronto, de que no les pida una reparación por la villanía cometida con sus hijas, y, para que no les exija nada más, devuelven inmediatamente ambas espadas, que causan la admiración de todos los reunidos. Los pomos son de oro y lo mismo los gavilanes.

Mio Cid recibe las espadas de manos del rey y se alegra tanto, que parece que le sonríe su corazón. Llama luego a Pero Bermúdez y le entrega a *Tizona*, diciéndole: "Colgadla, sobrino, que mejora de señor."

Colada se la regala a Martín Antolínez.

Hecho esto, Rodrigo declara que todavía tiene otros agravios contra los infantes. Pide que le devuelvan los mil marcos que les entregó.

Los infantes empiezan a lamentarse; pero don Raimundo corta su discurso y ordena:

—Decid sí o no.

Mas Diego y Fernando todavía se excusan. Entonces se produce una larga discusión; los jueces les aprietan, ellos resisten; pero, al fin, son condenados a pagar, y no respondiendo con sus heredades de Carrión, como ellos pretenden, sino en dinero y allí mismo. Pero el dinero es precisamente lo que no pueden dar, porque se lo han gastado. Entonces los alcaldes les exigen que paguen en especie, si el Cid está conforme en ello. El Cid afirma y Diego y Fernando, lamentándose, entregan a Rodrigo mulas, palafrenes, espadas, etcétera.

El propio rey, que ha percibido doscientos marcos de los infantes, como padrino de boda, se los devuelve a Diego y a Fernando para que ambos puedan pagar al Cid por completo. Esta vez la sentencia de los jueces pesa mucho más a los dos hermanos. ¿Se dará por satisfecho el Campeador? No. Todavía falta el cargo más grave:

—Merced, rey y señor; por amor de caridad. El agravio mayor no se me puede olvidar. Oídme toda la corte y doleos de mi mal. Los infantes de Carrión me han deshonrado tanto, que no puedo dejar de retarlos en desafío.

Y, después de un violento discurso contra los dos hermanos, que tan criminalmente han ultrajado a sus hijas, el Cid pide que los juzguen las Cortes.

Se levanta García Ordóñez y alega que el linaje de los infantes está por encima del hidalgo de Vivar, y que las bodas entre aquellos y las hijas del infanzón han sido tan desiguales, que Diego y Fernando han hecho bien en deshacerlas, abandonando a doña Elvira y a doña Sol, y lo que diga el Cid no debe importar a nadie.

Pero Rodrigo se vuelve hacia el conde, que ha tenido la torpeza de hablar de su luenga barba y le dice que nadie se la ha mesado jamás, ni cristiano, ni moro; en cambio, él mismo, en el Castillo de Cabra, le cogió por la suya a García Ordóñez y se la arrancó.

—Dejaos de todo eso, Cid—exclama Fernando González, descompuesto—, ya os hemos pagado vuestros haberes, y entre nosotros y vos no hay parangón posible. Somos del linaje de los condes de Carrión, nos correspondía casar con hijas de reyes o de emperadores, y no de infanzones; así, pues, hemos obrado en derecho al abandonar a unas mujeres que no son de nuestra alcurnia, por lo cual valemos ahora más que antes.

El Cid se indigna, y dirigiéndose a su sobrino, que permanece en silencio mientras él acaba de recibir tamaña ofensa, le grita:

—¡Habla, Pero Mudo!, varón que tanto callas. Yo las tengo por hijas, tú por primas hermanas. A mí me lo dicen, pero a ti te tiran de las orejas. Si yo respondo no entrarás tú en armas.

Bermúdez se lamenta de que el Cid le llame siempre Pero Mudo ante las cortes; pero ya sabe que a él no se le ocurre más. En cambio, cuando se trata de actuar, nunca se queda corto. Y, volviéndose al infante, le increpa así:

—¡Mientes, Fernando, en todo lo que has dicho! Gracias al Cid has valido mucho más. Voy a contarte tus mañas... Huiste ante los moros en Valencia..., te di yo el caballo del moro vencido y te alabaste delante de todos como si tú le hubieses dado la muerte. Te he guardado el secreto hasta hoy. Eres hermoso; pero cobarde. Lengua sin manos, ¿cómo te atreves a hablar?

Y, a continuación, el llamado Pero Mudo, con gran elocuencia y vivas palabras, hace el relato del suceso del león, avergonzando a los infantes ante la corte toda, y termina con estas valientes palabras:

—Te reto por malvado y por traidor. Y mantengo mi desafío ante el rey don Alfonso, por las hijas del Cid, doña Elvira y doña Sol, que por haberlas dejado valéis menos, y, a pesar de que ellas son mujeres y vosotros varones, valen más que vos. Cuando sea la lid, si agrada al Criador, tú mismo has de confesarlo a guisa de traidor, y de todo cuanto he dicho, el veraz seré yo.

Diego González, en el mismo tono que su hermano, esgrime iguales argumentos, y Martín Antolínez se pone en pie y le increpa:

—Calla, alevoso, boca sin verdad. Lo del león no debieras olvidar. Saliste por la puerta, te metiste en el corral, y fuiste a esconderte tras la viga de un lagar... Por haber dejado a las hijas del Cid valen más que vos. A la hora de la lid, tú mismo habrás de confesarlo por tu boca: que eres traidor y que has mentido en todo cuanto acabas de decir.

En aquel momento penetra Asur González en el palacio. Viste manto de armiño y arrastra el brial por el suelo. Viene muy colorado porque acaba de almorzar y por eso habla sin miramiento alguno.

—Varones: ¿quién vio semejante desafuero? ¿Qué nuevas son estas que nos dan de mio Cid el de Vivar? ¡Fuese al río Ubierna a picar sus molinos y a coger maquilas, como suele hacer! ¿Quién le ha metido a emparentar con los de Carrión?

Al oír estas ofensas, Muño Gustioz grita:

—Calla, alevoso, malvado, traidor, que almuerzas antes de ir a oración y no dices verdad ni al amigo ni al señor, porque eres falso para todos, y más para el Criador. En tu amistad no quiero tener parte, y te obligaré a decir que eres tal como digo yo.

Los ánimos están muy excitados y Alfonso interviene:

—Cese la discusión. Los que se han desafiado, lidiarán, así me salve Dios.

Estando en esto se presentan dos caballeros en la corte. Uno de ellos se llama Ojarra y el otro Íñigo Jiménez; el primero viene de parte del infante de Navarra y el segundo es enviado del infante de Aragón; besan las manos al monarca y, brevemente, piden al Cid que

les dé sus hijas para que reinen en sus respectivos países, pues sus señores lo tendrán a honra.

Toda la corte escucha estas palabras y queda suspensa. El Cid da gracias a Dios por el gran honor que vienen a hacerle en tales momentos, y pide al rey que autorice estas bodas.

Alfonso responde:

—Os ruego, Cid, prudente Campeador, que deis vuestro consentimiento a estas bodas y que se otorguen hoy mismo en estas Cortes, puesto que tanto va a acrecentarse vuestro honor y vuestra tierra.

El Cid accede y besa las manos de su señor, que, seguidamente, otorga el casamiento.

Muchos son los que se alegran; mas los infantes de Carrión se duelen de la buena fortuna del Cid.

Pero todavía no han terminado los retos.

Minaya, en pie, desafía a los infantes por malvados y por traidores. Han tenido a doña Elvira y a doña Sol por sus mujeres, iguales en honor; pero ahora tendrán que besarles las manos y llamarlas señoras, puesto que van a ser las reinas de Navarra y de Aragón.

—De todas maneras—añade—, vosotros sois tales como yo digo, y si hay quien lo contradiga y quien dice que no, yo soy Alvar Fáñez, para todo el mejor.

Responde Gómez Peláez al reto de Minaya y le acepta. El rey da por terminada la reunión y manda que los desafíos se celebren al día siguiente.

Mas los infantes Diego y Fernando alegan que carecen de caballos y de armas, puesto que han tenido que entregárselas todas al Cid, por lo cual se verán obligados a volver a Carrión por ellos.

El rey dice al Campeador que la lid tendrá lugar donde él disponga; pero Rodrigo contesta que no será así, pues lo que quiere es volver a Valencia en seguida.

Alfonso, entonces, pide al de Vivar que le deje los caballeros que han de sostener la lid, y manda que esta se verifique en las mismas vegas de Carrión de allí a tres semanas. Y el que no asista será considerado culpable.

El Cid se quita la cofia y desata el cordón de su barba, que los presentes no se cansan de mirar, abraza a don Enrique y a don Raimundo y les ruega que tomen lo que quieran de cuanto le pertenece, y lo mismo dice a los demás personajes de la corte. Unos aceptan y otros no. Luego perdona al rey los doscientos marcos que Alfonso había recibido por las bodas de doña Sol y de doña Elvira con los infantes. A los enviados de Navarra y de Aragón también los obsequia con bestias y con cuanto puedan necesitar.

Acabadas las cortes, el rey cabalga, seguido por todos sus caballeros, y el Cid monta su famoso *Babieca*.

Al llegar a Zocodover, Alfonso ruega al Cid que corra a su famoso caballo, del que tantos elogios ha oído. Se excusa Rodrigo, pues allí hay muchos caballeros capaces de hacer otro tanto y a quienes el monarca puede mandárselo mejor que a él.

Mas Alfonso insiste:

—Oíd, verdad es lo que decís; pero quiero que corráis ese caballo por amor a mí.

Y Rodrigo hace galopar a *Babieca*... Todos quedan admirados; el monarca levanta su mano y se santigua:

—Yo juro—dice—, por San Isidoro de León, que en todas nuestras tierras no hay tan buen varón.

El Cid besa la mano del rey y le ofrece *Babieca;* pero Alfonso se niega a aceptarlo:

—Si os quito el caballo, ya no tendrá este tan buen amo. Sea tal caballo como este de un tal caballero como vos; para vencer a los moros y perseguirlos, y a quien

os lo quiera quitar, no le valga el Criador, ya que gracias a ese caballo soy honrado yo.

Rodrigo se despide del rey, y, luego, aconseja a los caballeros que van a lidiar por su causa:

—Ya, Martín Antolínez, y vosotros, Pero Bermúdez y Muño Gustioz, mi vasallo de pro; sed firmes en el campo como los buenos varones; que me lleguen buenas noticias a Valencia.

Responde Martín Antolínez:

—¿Por qué lo decís, señor? La deuda hemos tomado y hemos de saldarla nos; podéis oír de muertos, que de vencidos, no.

Mucho se alegra de esto el que en buen hora nació; de todos sus amigos allí se despidió. El Cid marcha a Valencia y el rey a Carrión.

Pasan las tres semanas del plazo fijado por Alfonso, y los caballeros del Cid se presentan en el lugar del combate dos días antes que los de Carrión. Al fin llegan estos con todos sus parientes, y muy bien equipados de caballos y de armas.

Han tramado entre ellos alejar a los del Cid y matarlos en el campo, a fin de deshonrar a su señor; pero si el proyecto es malvado, no hay lugar para intentarlo siquiera, porque tienen miedo al rey Alfonso de León.

Los caballeros del Cid velan sus armas aquella noche y oran. Ya amanece. Muchos ricos hombres acuden a presenciar la lid; pero, sobre todo, allí está el rey don Alfonso, decidido a que se cumpla el derecho y no se cometa ninguna injusticia.

Ya se ciñen las armas los del buen Campeador. Los tres están de acuerdo, puesto que sirven a un señor mismo. En otro lugar están los infantes, aconsejados por García Ordóñez. Diego y Fernando todavía ruegan al rey que prohíba a los caballeros del Cid el uso de las espadas *Colada* y *Tizona*, y se arrepienten de habérselas devuelto a don Rodrigo.

Pero el rey no concede lo que piden:

—Moveos y salid al campo, infantes de Carrión; es necesario que lidiéis como varones, pues por parte de los del Campeador no va a quedar. Si salís con bien del campo, alcanzaréis gran honra, y si fueseis vencidos, no podréis culparnos, porque todo el mundo sabe que os lo habéis buscado vosotros.

Se retiran los infantes, que ya empiezan a arrepentirse de su felonía y quisieran no haberla cometido por todo cuanto existe en Carrión.

Ya traen los caballos corredores a los caballeros del Cid, que santiguan las sillas y montan animosos. Llevan los escudos bien abroquelados; en sus manos, las astas de las lanzas de cortantes puntas y con sendos pendones. Los rodean muchos buenos caballeros. Ya entran en el campo señalado por los mojones.

He aquí, por el otro extremo de la liza, a los infantes de Carrión con su acompañamiento numeroso, pues tienen muchos parientes.

El rey ha nombrado jueces de campo, a fin de que fallen lo que sea justo y los contendientes no discutan unos con otros.

Alfonso advierte a los infantes que no permitirá cometan acción mala ninguna contra los caballeros del Cid, ya que están bajo su custodia; y, seguidamente, acompañado de los fieles, señala los mojones y se hace saber a los seis contrincantes que el que se salga de ellos quedará vencido.

Las gentes dejan libre el espacio de seis astas de lanza entre ellas y la línea de los mojones. Luego se echa a suertes el terreno que ha de corresponder a cada bando.

Los jueces, o fieles, se salen de en medio del campo, y los enemigos quedan frente a frente. Embrazan sus escudos, cubriéndose el corazón; bajan las lanzas, envueltas en los pendones, inclinan las caras sobre los arzones de las monturas, pican espuelas a los caballos, que arrancan haciendo temblar la tierra por donde pisan. Cada combatiente enfila a su contrario; ya se juntan tres contra tres, y los que están alrededor, contemplando la lucha, piensan que, de un momento a otro, van a caer muertos.

Pero Bermúdez se enfrenta con Fernando González, cara a cara, y se golpean los escudos con furia. El infante consigue atravesar el escudo de Pero Bermúdez; mas no llega a tocarle el cuerpo. La lanza se le parte en dos pedazos, y Pero Bermúdez no vacila, siquiera, en la silla. Al golpe recibido responde con otro, quiebra el centro dorado del escudo, que rueda por el suelo, y se lo atraviesa. La lanza queda clavada en el pecho del infante, cerca del corazón, pero la loriga de Fernando tenía tres dobleces, y gracias a eso no queda ensartado en la lanza de Pero Bermúdez, porque dos de aquellos se rompen; mas el tercero resiste. La túnica acolchada, la camisa y la guarnición se le hunden en el cuerpo el grueso de una mano; la sangre afluye a la boca del herido, las cinchas del caballo se rompen y Fernando cae por las ancas del animal.

Pero Bermúdez deja la lanza clavada en el pecho del infante y desenvaina la espada para rematarle; pero Fernando, al reconocer a *Tizona*, antes de recibir el golpe, exclama: "Estoy vencido."

Los jueces del campo así lo acuerdan, y Pero Bermúdez se retira victorioso.

El choque entre Diego González y Martín Antolínez también es violentísimo; sus lanzas quedan rotas, y el burgalés de pro desenvaina la espada...; el brillo de *Colada* resplandece en el campo; tan limpia es y tan clara.

Martín Antolínez descarga un fuerte golpe de través contra Diego y le arrebata el casco, la capucha y la cofia; el arma corta el cabello del contrincante y penetra en su cráneo.

El infante vuelve las bridas para contraatacar; pero un segundo golpe del burgalés acaba con sus escasos

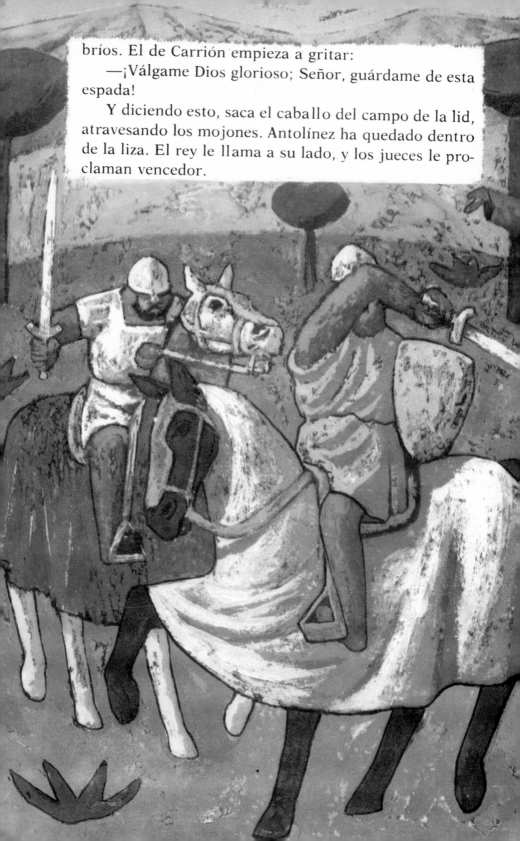

bríos. El de Carrión empieza a gritar:

—¡Válgame Dios glorioso; Señor, guárdame de esta espada!

Y diciendo esto, saca el caballo del campo de la lid, atravesando los mojones. Antolínez ha quedado dentro de la liza. El rey le llama a su lado, y los jueces le proclaman vencedor.

Peor suerte cabe a Asur González. Después de golpear furiosamente el escudo de Muño Gustioz, consigue romperle la armadura; pero sin llegar a herir la carne.

Muño Gustioz se revuelve contra el forzudo y le atraviesa el escudo por el mismo centro. La aguda lanza no se detiene, se hunde en el pecho del contrario con pendón y todo y le atraviesa, hasta sobresalir una braza por la espalda del caballero

Muño Gustioz sacude a su enemigo y le derriba del caballo; da un tirón, con fuerza y arranca lanza y pendón del cuerpo de Asur González, que cae a tierra bañado en sangre.

Muño Gustioz se prepara nuevamente para rematar al caído; pero entonces el padre, Gonzalo Ansúrez, grita, acongojado:

—No le toquéis; por vencido está en el campo. Todo ha terminado ya.

El rey manda recoger las armas esparcidas por el suelo, ya que, según derecho, le pertenecen; y mientras las gentes de Carrión se lamentan, con amargura, por la derrota de sus infantes, los caballeros de mio Cid celebran su bien ganada victoria.

Pero Alfonso teme que las gentes de Carrión pretendan vengarse de ellos, y les aconseja que salgan del país de noche.

Así lo hacen los caballeros castellanos, y cuando llegan a Valencia, el Cid los recibe con gran alegría.

Quien escarnece a una buena dama y la abandona, merezca tal castigo y aún peor.

Pero dejemos a los infantes, que harta pesadumbre tienen con su merecido castigo, y hablemos del que nació en buen hora.

Grandes fiestas hay en Valencia la mayor, por haber quedado con tanta honra los del Campeador. Se acaricia la barba Ruy Díaz, su señor:

—Gracias al Rey del Cielo, mis hijas vengadas son. Ahora sí que van a disfrutar las heredades de Carrión; las casaré sin vergüenza, si a alguien le pesa como si no.

Hubo tratos entre el rey Alfonso y los infantes de Navarra y de Aragón, y, por fin, estos se casaron con doña Sol y con doña Elvira.

Si los primeros maridos habían sido muy nobles, los segundos lo son mucho más todavía.

Ved cómo crece la honra del que en buen hora nació, pues sus hijas ya son señoras de Navarra y de Aragón. Hoy los reyes de España sus parientes son.

Mio Cid, señor de Valencia, pasó a mejor vida el día de la Pascua de Pentecostés. Que Nuestro Señor Jesucristo le perdone, y lo mismo haga con todos nosotros.

Estas son las hazañas de mio Cid, el Campeador, y en este lugar se acaba la canción.